W0400300

JF MOREAU

Bienvenue dans le nouveau monde

Comment j'ai survécu à la coolitude des startups

© Premier Parallèle, 2017

ISBN : 979-10-94841-41-9

www.premierparallele.fr

Mathilde Ramadier

Bienvenue dans le nouveau monde

Comment j'ai survécu à la coolitude des startups

Premier Parallèle

Du même auteur

Arne Næss, *Une écosophie pour la vie. Introduction à l'écologie profonde,* Éditions du Seuil, 2017. Préface de Hicham-Stéphane Afeissa. Introduction de Mathilde Ramadier. Traduction de Naïd Mubalegh et Pierre Madelin.

Et il foula la terre avec légèreté, Mathilde Ramadier (scénario), Laurent Bonneau (dessins), Futuropolis, 2017.

Berlin 2.0, Mathilde Ramadier (scénario), Alberto Madrigal (dessins), Futuropolis, 2016.

Sartre, Mathilde Ramadier (scénario), Anaïs Depommier (dessins), Dargaud, 2015.

Rêves syncopés, Mathilde Ramadier (scénario), Laurent Bonneau (dessins), Dargaud, 2013.

À mes amis qui ont cessé de croire au mirage.

À tous ceux qui y croient encore.

« Mae regarda l'heure. Dix-huit heures. Il lui restait beaucoup de temps pour s'améliorer, et elle n'allait pas en perdre. Elle s'activa donc tous azimuts, envoya quatre zings, trente-deux commentaires et quatre-vingt-huit sourires. En une heure, son PartiRank passa à sept mille deux cent quatre-vingts heures, après avoir rejoint onze groupes de discussion et abondamment donné son avis, avoir envoyé douze autres zings, dont l'un d'eux figura dans les cinq mille messages les plus partagés au monde pendant une heure, et s'être inscrite à soixante-sept autres fils de discussion, elle y parvint. »

Dave Eggers, *Le Cercle*

« Il y a tout un jeu avec les connotations et les associations de mots comme flexibilité, souplesse, dérégulation, qui tend à faire croire que le message néo-libéral est un message universaliste de libération. »

Pierre Bourdieu,
« Le mythe de la mondialisation
et l'État social européen », *Contre-feux*

Dimanche 24 mars 2013. Je suis confortablement installée sur mon canapé, mon ordinateur sur les genoux. La lampe du salon éclaire mon clavier. Le soleil s'est déjà couché. Je viens de rentrer chez moi, à Berlin, après une semaine passée chez des amis norvégiens, dans le Grand Nord, loin de tout. Mes valises sont déjà défaites, rangées. Une lessive tourne, le ronronnement apaisant du tambour est à peine perceptible. Une soirée très calme s'annonce. Demain est un grand jour : je commence un nouveau travail dans une startup berlinoise nommée The Base[1]. J'y ai pensé chaque jour pendant les vacances. Il faut dire que c'est excitant. The Base est encore en phase de test, son site n'est même pas en ligne. Le concept, fascinant, consiste à mettre au point une immense base de données destinée à révolutionner le monde de l'art contemporain, à le « disrupter ». Quant à mon titre, « country manager France », il m'impressionne presque tout autant. De grandes missions m'at-

1. Tous les noms ont été changés.

tendent. Il est même possible que ce nouveau job change radicalement ma vie.

Auteure depuis plus d'un an, je me suis remise récemment à la recherche d'un emploi pour faire le pont entre deux contrats d'édition. Sans en attendre grand-chose pour ma carrière, j'ai parcouru les offres du secteur dynamique des startups, ce qu'il m'est déjà arrivé de faire par le passé, non sans quelques déconvenues. Je me méfiais déjà des jeunes pousses... Mais cette fois, c'est différent. Ce job est fait pour moi, c'est sûr.

Un « ding » m'indique qu'un nouveau message vient d'arriver. C'est la responsable des ressources humaines de ma nouvelle entreprise, Joanna. Elle travaille le dimanche ! Grâce à Gmail, je peux voir son portrait. Joanna a le teint très hâlé (elle n'a pas dû aller en Norvège, elle) et de longs cheveux méchés blonds encadrent son visage. Son sourire figé est parfait.

« Chère Mathilde, bienvenue chez The Base ! Tu trouveras ci-joint le Welcome Kit qui t'expliquera tout pour tes nouvelles aventures chez nous. Enjoy ;) ! À demain. Joanna. »

Trop impatiente pour attendre le lendemain, j'ouvre le Welcome Kit en question, un PDF en anglais de 17 pages, tout simple, sans images, ni illustrations, ni d'ailleurs aucun effort particulier de mise en page. Sur la page de garde, il est précisé que le document est privé et confidentiel. Je scrolle.

Le Welcome Kit comprend toutes les informations sommaires qu'on apprend généralement le premier jour, et que Joanna n'aura visiblement pas le temps de me détailler lorsqu'elle m'accueillera le lendemain. C'est donc sur mon canapé que je prends connaissance de l'adresse, des horaires de travail, du code wifi, des règles de vie du bureau, de l'organisation des réunions, etc. À première vue, tout m'a l'air parfait, à la fois transparent et convivial. J'ai hâte de rencontrer mes collègues et de découvrir mon nouvel environnement de travail. Mais au fil de la lecture, quelque chose commence à me paraître bizarre. Comme s'ils s'étaient trompés d'interlocuteur. J'ai l'impression qu'ils s'adressent au gagnant d'un jeu-concours, âgé de quinze ans maximum, voire un peu débile. Des points d'exclamation et des smileys pullulent, le ton est étrangement infantilisant. À la deuxième page, le CEO, dont je ne connais pour l'instant que le prénom, se fend d'un petit texte d'accueil – ou, plutôt, de félicitations et d'encouragements.

« Nous sommes super heureux de t'accueillir dans notre team ! En fait, tu peux carrément être fier : nous avons fait passer tellement d'entretiens, si tu savais ! Bravo, tu as réussi ! :)
Chez The Base, on croit à fond au pouvoir de la team ! Maintenant, tu en fais partie. Alors, vas-y, interagis avec tes collègues, surtout ceux qui travaillent sur d'autres projets. Nous sommes une seule et même

famille. Notre but? Révolutionner le monde. Alors, retrousse tes manches et amuse-toi !»

J'avale une gorgée de thé et expire profondément. La partie vient de commencer.

*

Née en France en 1987, je fais partie de la génération Y[2], appelée aussi génération 1 000 euros. Prononcée « *Why ?* » en anglais, on dit d'elle qu'elle se demande constamment « pourquoi ». Qu'elle vit dans l'incertitude, travaillée, à l'image de la lettre divisée en deux branches, par l'angoisse perpétuelle du choix. Ou du non-choix.

Après six ans d'études à Paris – dont un BTS de communication en alternance et un master dans une grande école, l'École normale supérieure – puis plusieurs années d'expérience professionnelle dans la communication, la radio, le graphisme et l'édition, je suis encore vierge de tout contrat à durée indéterminée. Il y a des chances pour que je n'aie pas vraiment de retraite non plus. En revanche, j'ai signé plus de conventions de stage que mes mains ne comptent de doigts, des CDD dont la période d'essai était

2. Celle qui a succédé à la fameuse génération X et qui concerne les Occidentaux nés entre 1980 et 1995. Voir la théorie générationnelle des sociologues Strauss et Howe, ainsi que le roman de Douglas Coupland, *Génération X* (10/18, 2004). Les ouvrages sur la génération Y se sont multipliés ces dernières années.

aussi longue que le contrat lui-même, et d'autres dans lesquels il était écrit qu'on ne me paierait peut-être pas – ou quatre-vingt-dix jours plus tard.

Parmi toutes mes expériences de travail, les plus douteuses et cocasses ont sans conteste été celles vécues dans des startups de Berlin – capitale de la « bohème digitale », parfois surnommée « Silicon Allee[3] » –, où je vis depuis 2011. Les geeks et jeunes entrepreneurs en mal d'aventures y développent leurs concepts et trouvent des financements, tout en sirotant leur Latte Machiatto dans l'un des nombreux cafés branchés du centre-ville où le wifi est gratuit et le café équitable. Le bouillonnement de l'industrie digitale, la forte concentration de cerveaux créatifs et le faible niveau des dépenses de base attirent de plus en plus de startups : 400 y ont été créées en sept ans[4], ce qui a inspiré les autres capitales européennes, Paris en tête. Pendant près de quatre ans, que ce soit en tant que freelance ou salariée, j'y ai fait l'expérience d'une précarité sociale et d'un appauvrissement intellectuel inquiétants, depuis la mise en circulation d'un langage vidé de sa substance au point d'en devenir absurde jusqu'au spectacle de diplômés polyglottes venus du monde entier pour exécuter des tâches répétitives et débilitantes, se vantant en continu

3. De nombreuses avenues de Berlin portent le nom de « Allee », notamment dans les quartiers de Mitte et Prenzlauer Berg, où sont implantées de nombreuses startups.

4. Le Journal du Net.

sur les réseaux sociaux de l'importance de leur activité professionnelle. Durant toutes ces années passées dans la capitale sacrée « ville la plus cool du monde » par le *New York Times,* notamment en raison de ce dynamisme économique apparent, je me suis demandé ce qui se cachait derrière ce mot, « cool », qu'on emploie à tout-va, avant de comprendre qu'il s'agit simplement d'un énorme malentendu.

Retour en France. Le slogan national de 1976, « On n'a pas de pétrole, mais on a des idées[5] », a récemment été recyclé. On peut désormais lire un peu partout sur la Toile qu'ici, « on n'a pas de pétrole, mais on a des startups ». Le ministère de l'Économie compte faire de la France une *startup nation.* Soit. Le succès fulgurant que connaît le secteur, la « French Tech », m'interroge. Berlin ayant été une ville pionnière dans le cousinage rapproché avec la Silicon Valley, elle permet donc de jeter un regard éclairé sur ce qu'il risque de se passer dans l'Hexagone.

Les startups y ont plutôt bonne presse – jusqu'à présent. Leur essor et leur succès sont encouragés : elles seraient un bon moyen de lutter contre le chômage des jeunes, puisque créer des entreprises, c'est créer de l'emploi et générer de la valeur économique. De nombreux dispositifs d'aide ont récemment été mis en place en France, et il devient

5. Lancé par André Rossi, porte-parole du gouvernement, lors de la réforme de l'heure d'été censée pallier les effets du premier choc pétrolier.

tout aussi facile d'être un jeune entrepreneur à Paris qu'à Berlin, Londres ou Copenhague. Les levées de fonds ont quasiment doublé en quelques années. Les différentes aides – accélérateurs, subventions de l'État, dispositifs sociaux et fiscaux – ne cessent de se multiplier. Les incubateurs et coworking spaces ont envahi la capitale. Au centre de Paris s'est implanté un nouveau quartier, le « Silicon Sentier ». La France serait en passe de ne plus être un environnement « toxique » pour les entrepreneurs. L'ère du digital entend bien rompre avec les lourdeurs et mauvaises habitudes héritées du passé. La French Tech semble porter ses fruits et être le nouvel outil qui redonne confiance aux jeunes dans leur avenir.

Quant à celui de la majorité des startups, il reste incertain. Les chiffres le prouvent : 90 % d'entre elles échouent[6]. Laquelle sera le prochain Facebook ? Et qui sera le prochain Mark Zuckerberg ? Quelle sera, au contraire, la prochaine entreprise qui coulera ou se fera racheter ? Où en seront ma boîte et mon poste dans trois mois ? Dans un mois ? Est-ce que, moi aussi, je vais couler ? Le vent de fraîcheur apporté par ce nouveau mode de travail plein de promesses est-il vraiment celui dont ma génération a besoin pour se sortir de la crise ?

Le sentiment d'incertitude de la génération Y est exacerbé dans ces nouveaux cadres de travail, rythmés par

6. Article publié sur le site 1001startups.fr le 12 mars 2016.

une concurrence féroce et la pulvérisation de tout ce qui pourrait s'apparenter de près ou de loin à quelque chose de durable. À force d'entendre d'un côté que c'était mieux avant et que ce serait bientôt pire, ou, au contraire, que tout allait super bien parce qu'on était en train de tout révolutionner, j'ai fini par me demander où finirait la génération Y si ce n'est à la fin de l'alphabet.

J'ai décidé de partir de mes expériences sur le terrain pour cartographier cette impasse et mettre au jour le double discours qui les enrobe toutes : on nous fait croire qu'un monde nouveau dont nous serions les héros est advenu alors que nous sommes toujours bel et bien bloqués dans le présent avec des œillères grosses comme nos iPhone dernière génération.

Pour décoder les ressorts de cette vision du monde, j'ai interrogé le langage. J'ai donc décidé de raconter mes expériences sans en suivre la chronologie, mais en me focalisant sur les idiomes ou les concepts qu'elles incarnent ou révèlent. Car, en vérité, les startups s'arment d'une véritable novlangue destinée à dissimuler la loi de la jungle dans une brume de « cool ». Comme toutes les langues, elle n'est pas seulement un liant, un outil de communication, elle déploie également tout un imaginaire autour d'elle, apporte de nouveaux signifiants qui contribuent à bâtir des repères communs... mais qui peuvent aussi faire croire à des choses qui n'existent pas. Derrière l'utopie riche de promesses humanistes vendue par la startupsphère se cache en réalité un ultralibéralisme féroce et encore trop peu redouté : un mélange de fascination pour les technologies de l'information, dont les progrès sont fulgurants, et de soumission perverse à la nouvelle économie et aux réseaux sociaux dans lesquels l'individu, sa parole, ses aspirations et son esprit critique n'ont plus de place. Seul l'ego a encore un rôle à jouer. On le drague à coup de compliments et d'injonctions exaltés pour le convaincre qu'il est important, qu'il mérite une place de premier choix, qu'il est, lui aussi, de tout son être, le symbole vivant d'une révolution en marche.

On invente pour cela de nouveaux décors qui, surtout, ne doivent ressembler à rien qui ait déjà existé. Dans ce jardin d'Éden modèle qu'est devenu l'open space des années 2010, on plante des robots d'un genre nouveau : des jeunes motivés qui se sentent l'âme de conquistadors et occupent des postes dont le titre reste énigmatique au commun des mortels, mais qui garde un suffixe que beaucoup admirent : manager. Super rapides, flexibles, increvables, perfectionnistes, ces nouveaux aventuriers de l'ère de la data n'ont plus ni dieu ni maître, mais une nouvelle langue commune et, en l'occurrence, un seul mot à la bouche : l'innovation. La présence, même symbolique, de leur Mecque lointaine, la Silicon Valley, finit d'ancrer le sentiment d'appartenance à l'entreprise, qu'on appelle désormais « famille ».

Cette famille, sa novlangue séduisante, son imaginaire puissant et ses petits robots, je les ai approchés de près.

Sans dictionnaire, sans appréhension et même sans a priori. Souvent avec bienveillance, en gardant les pieds sur terre. Parfois en me laissant embarquer dans ce grand fantasme collectif.

Bienvenue dans le nouveau monde.

Ta mission, si tu l'acceptes

Les Dix Commandements du cool

« We aim at revolutionizing the art world. Sounds big? Yes it is. For our Berlin office we are looking for a real treasure hunter – or in more formal words "researcher" – with interest in both worlds : art & internet. Your (part-time) job is to identify the key players in the French-speaking art world. Our (currently still stealth) business is not a copy. It's unique. The world's most premier art collectors and internet entrepreneurs are partnering with us. Interested in becoming part of a game-changer? Here is your chance ![7] »

7. « Notre but est de révolutionner le monde de l'art. Ça a l'air énorme ? Ça l'est. Pour notre bureau de Berlin, nous sommes à la recherche d'un vrai chasseur de trésors – ou, en termes plus formels, d'un « chercheur » – ayant un intérêt pour ces deux mondes : l'art et Internet. Ton travail (à temps partiel) consistera à identifier les acteurs-clés du marché de l'art francophone. Notre modèle de startup (actuellement en phase de prélancement) n'est pas une copie. Il est unique. Les entrepreneurs de la tech et les acteurs du monde de l'art les plus influents du monde sont nos partenaires. Tu as envie de faire partie de cette grande innovation ? Alors, saisis ta chance ! »

J'aurais dû me méfier... La rhétorique du *winner* et les formules très alléchantes de l'offre d'emploi publiée par The Base me paraissaient un peu excessives et évidemment grotesques, mais... Et s'il s'agissait d'une opportunité à ne pas rater, du job de ma vie ? Le ton à la fois impératif, positif et familier était si convaincant qu'il m'avait littéralement arrachée de ma chaise : mais qu'est-ce que j'attendais pour postuler, bon sang ? Ils m'ont dit qu'ils étaient impatients de me rencontrer pour qu'on change le monde ensemble !

Une lecture plus attentive de l'annonce m'aurait pourtant révélé un contenu latent plus discutable, en l'occurrence une bien curieuse injonction. Il ne s'agissait plus de travailler pour une boîte en échange d'un salaire, mais de se transformer en « chasseur de trésors » et de mettre toute sa personne à disposition de l'entreprise, lui donner tout ce qui constituait notre identité. Je le découvrirai bientôt : l'employé n'œuvre plus pour créer un produit, il est ce produit. Non seulement il devient acteur de la révolution, et donc du nouveau monde que les startups prétendent engendrer, mais il incarne ce nouvel ordre. Oui, tout cela était en quelque sorte prévisible dès la lecture de l'annonce : il s'agissait d'un projet politique total.

Parce qu'elles sont différentes des entreprises plus classiques, les startups ont désormais leurs propres sites d'annonces. Les énoncés sont uniformisés et leur orthographe est souvent douteuse : après la disparition du participe passé pour les verbes du premier groupe, nous assistons désormais à celle du « s » à la deuxième personne du singulier. Le tutoiement y est de rigueur, et leur prose, standardisée, contient suffisamment de superlatifs et d'impératifs pour que l'on rougisse instantanément de honte si jamais l'énergie du super-héros venait à nous manquer. Tant pis pour les plus faibles, pour ceux qui n'ont pas assez confiance en eux : hors jeu, les gars. Vous manquez une opportunité de carrière géniale (« *awesome opportunity* »), faite de missions qu'on ne peut se permettre de rater – désolée, vous n'aviez qu'à suivre des trainings en « *self-optimization* » entre le CP et le CE2.

Ils n'attendent que nous, prétendent-ils. C'est bien sûr l'inverse. Ce qu'ils attendent, c'est l'image fantasmée et formatée qu'ils se font du candidat idéal : un robot hypermotivé qui parle en données et dont l'identité se résume à un profil bien lissé sur les réseaux sociaux. Peu importe qu'il s'agisse souvent d'un stage, qui appelle désormais les mêmes exigences qu'un vrai emploi : « Tu cherches des challenges dans une entreprise à croissance rapide ? Alors, postule chez nous en tant que stagiaire », « Si tu es entrepreneur dans l'âme, débrouillard et que tu aimes les challenges, rejoins-nous en tant que stagiaire[8]. »

Le candidat est parfois invité à pousser son implication jusqu'à fournir lui-même le matériel dont il aura besoin

8. Phrases extraites d'offres d'emploi sur des sites consacrés exclusivement aux startups, en France et en Allemagne, entre 2014 et 2016.

pour travailler, à savoir, dans l'immense majorité des cas, un ordinateur portable : « Apporte ton propre équipement pour tirer le meilleur de tes journées de travail. » Un peu comme les compagnies aériennes *low cost* qui n'incluent pas de réservation de siège dans le prix du billet... Le Welcome Kit de The Base ne recule devant rien : « Aujourd'hui, même les étudiants ont leur propre laptop. Nous ne sommes pas comme BCG ou Siemens, qui fournissent téléphone portable, laptop, voiture, mutuelle, secrétaire et chauffeur... Nous sommes une startup, alors s'il te plaît, apporte ton propre laptop. » Les futurs maîtres du monde aussi ont des difficultés. Et lorsque l'on propose de mettre un « ordinateur de fonction » – un Mac, cela va de soi – à disposition du futur employé, il faut le prendre pour ce que c'est : un privilège. Et au sujet du téléphone, le Welcome Kit me rassure : « Tu peux utiliser notre téléphone fixe quand tu veux pour tous les appels professionnels. C'est génial, non ? »

L'aveuglement, le manque de recul et l'immaturité ne sont pas rédhibitoires, ils participent au contraire à l'épanchement de la surmotivation. Ainsi, parmi les prérequis exigés du candidat, certaines startups précisent : « On est jeune et on a faim ;-) », « Rejoins-nous dans une ambiance ping-pong ! », « Tu as gardé ton âme d'enfant ». Oui, mais on sait marquer à temps les limites des enfantillages : « Tu dois être débrouillard et volontaire... On n'est pas là pour coller des gommettes ;) ».

Quand je lis des formules du type « Tu as une fascination folle pour le monde des startups » dans la liste des prérequis, je me rends compte à quel point les GAFA – le petit nom des géants du Web, à savoir Google, Apple, Facebook et Amazon – sont bien plus que des modèles pour les jeunes entreprises et leurs non moins jeunes CEO. Ce sont des messies. Le ton adopté par les startups, que ce soit pour leur recrutement ou leur communication en général, est d'ailleurs souvent digne des Dix Commandements : « Fonceur tu devras être », « Motivé et courageux il faut être ! », « Au service du marketing tu seras » « Nous recherchons un gourou »... Des injonctions messianiques motivantes et galvanisantes qui nous aideront à tenir... jusqu'à l'arrivée des Fils de Dieu.

Il faut souffrir pour être in

Une fois en poste, les rêves d'enfants s'évaporent vite pour laisser place à la désillusion. Les responsabilités promises, les « perspectives d'évolution rapide » se bornent, hélas, bien souvent à jouer le simple rôle d'appât. Parfois, parce que le poste est de toute façon temporaire et ne peut déboucher sur autre chose au sein de la boîte. D'autres fois, parce que la startup ne décollera pas et qu'on a fait miroiter un avenir doré à tout le monde, aux recrutés comme aux investisseurs. Le langage employé dans les annonces traduit une volonté de rupture avec les pratiques héritées des anciennes générations : leur esprit corporate est ringard, et la génération Y va l'enterrer pour de bon.

Fin 2011. Je suis graphiste dans une jeune société prisée de Berlin. Mon bureau est superbe : assise sur une chaise d'un designer scandinave, j'ai vue, d'un côté, sur le tableau d'un artiste contemporain en vogue et, de l'autre, sur la Spree. Lors de l'entretien de fin de période d'essai, pour un poste prévu en CDI, mon CEO[9] m'apprend qu'au lieu des 1 500 euros nets convenus au départ, je vais finalement être embauchée avec une paie trois fois inférieure, à cause d'obscures difficultés financières qu'il n'a soi-disant pas vues venir. Juriste de formation, ce jeune et séduisant jeune homme sait très bien ce qu'il fait[10] et me débite un discours parfaitement rodé pour balayer ma déception d'un revers de la main et me culpabiliser. Quand je l'informe que je n'accepte pas ces nouvelles conditions, il me demande sans ambages : « Tu ne *peux* pas ou tu ne *veux* pas ? »

Pour moi, il n'y a pas à choisir entre ces deux verbes de modalité. Les raisons de mon refus sont si évidentes qu'il n'est pas nécessaire d'argumenter. Je ne suis pas prête à *offrir* ma force de travail ; elle a une valeur que je souhaite continuer à défendre. Lorsque nous nous disons poliment au revoir, il ne peut s'empêcher de me glisser, non sans paternalisme ni un certain machisme, que si je veux faire

9. Chief Executive Officer, l'équivalent de directeur général.

10. À cette époque, mon contrat était légal en Allemagne. Nous étions en 2011, soit quatre ans avant l'introduction du salaire minimum.

carrière, il va falloir que j'accepte de courber l'échine et de « tout donner ». Comme à la Star Ac', mais au travail. Si je ne m'en sens pas capable, il me conseille d'opter plutôt pour un job d'hôtesse sur des salons et des foires : je n'aurais ainsi pas à fournir trop d'efforts, je ferais mes heures et aurais la sécurité de l'emploi. Derrière le cynisme de la remarque, il n'a pas tort : pourquoi, s'il m'offre une rémunération aussi pitoyable et m'assure que ce sera le cas partout ailleurs, m'obstiner à chercher un job intéressant, comme s'il s'agissait d'un caprice d'enfant gâté ? J'ai donc refusé un emploi payé 500 euros parce que je manquais de motivation, de conviction et d'ambition. Je ne méritais pas de participer à l'aventure.

Dans une startup, on est en permanence projeté dans le futur, et c'est légitime : tout reste à faire et à inventer ; on navigue dans les coulisses de l'avenir. Et puisque tout est projet, il convient d'en avoir également pour soi, pour sa carrière, de savoir prendre des initiatives, d'espérer évoluer sans cesse, de devenir le meilleur et le rester, de ne jamais manquer d'énergie, de persévérer, de monter toujours plus haut. Bref, d'être innovant pour soi-même jusqu'à l'obsession.

Estimer qu'il y a des périodes dans une carrière qui méritent que l'on prenne du recul ou que l'on ralentisse la cadence passe pour une hérésie : c'est faire preuve d'inertie, avouer son manque de « faim », ne pas être capable de se projeter. Nous devons non seulement absolument créer du nouveau – nouveaux concepts, nouveaux services, nouveaux clients, nouveaux marchés, etc. –, mais également être nouveaux *nous-mêmes* – savoir nous renouveler, faire sans cesse peau neuve, être capable de rebondir. Le dessein le plus digne, c'est de trouver le premier l'idée qui révolutionnera tout un secteur, le disrupter, l'ubériser... Les startups, du moins celles qui réussissent, ont consacré cette nécessité impérieuse. Mais la disruption (du verbe latin *disrumpere* qui signifie « briser », « détruire ») ne désigne-t-elle pas aussi une accélération imposée trop soudainement à la société ? Un changement brutal qui ruine les structures sociales existantes et entraîne une perte de repères ? Le philosophe Bernard Stiegler va même plus loin en expliquant que cette course folle à l'innovation est tout bonnement incompatible avec la socialisation et conduit à une déprime généralisée[11]. De très nombreuses startups se calquent sur le même modèle : celui de l'économie collaborative. Cette dernière repose sur une technologie permettant la mise en relation entre un client qui a un besoin (le plus souvent créé de toutes pièces par la startup) et un prestataire de services (disons plutôt une petite main qui a besoin d'argent). Rien qu'en France, elles sont nombreuses à offrir un service de conciergerie pour les particuliers louant leur appartement sur des plateformes comme Airbnb, à mettre en relation

11. Bernard Stiegler, *Dans la disruption*, Les Liens qui libèrent, 2016.

organisateurs d'événements et traiteurs (bio, vegan, sans lactose, sans gluten, voire sans *rien du tout*, de préférence, car le startupper vit dans un monde *healthy*) ou à livrer à domicile ou au bureau des plats de restaurants... Il suffit de passer quelques heures dans les rues de Paris pour voir constamment des cyclistes filer à toute vitesse, un sac cubique flanqué d'un logo aux couleurs pétantes accroché dans le dos. De vraies Tortues Ninja. Certains chevauchent des Vélib', l'entreprise ne fournissant même pas le vélo. Ces boîtes, persuadées d'avoir développé une idée géniale alors qu'elles ne font que recycler un modèle préexistant, persuadent ensuite leurs petites mains qu'elles vont profiter elles aussi de cette idée, leur assurant que le succès se distribue à parts égales entre héros. Ça se saurait.

Another superstar

Printemps 2015. Je travaille depuis quelques mois dans une startup spécialisée dans le design, Vesta[12]. Le CEO, très connu dans la startupsphère, est extrêmement actif sur les réseaux sociaux – je me demande où il trouve le temps d'informer le monde entier des moindres détails de sa vie fascinante. Plusieurs fois par jour, il poste messages et photos sur tous ses canaux, trahissant une affection toute particulière pour son caniche et Instagram, sans doute pour la pro-

12. Le nom a été changé.

pension de la plateforme à permettre – et donc encourager – tous les excès de narcissisme et de voyeurisme. Hop ! un selfie au bureau, hop ! un selfie dans l'avion, un autre dans son merveilleux loft au dernier étage d'une ancienne usine, une photo de son toutou qu'il amène dans l'open space et que tout le monde adore (sauf moi, parce qu'il a fait disparaître mon bonnet), une autre en compagnie d'un CEO d'une autre startup célèbre avec qui il partage une bière quelque part sur un rooftop de Brooklyn, Londres ou Berlin – difficile à dire, tant ces espaces aux murs de brique et tabourets de facture scandinave se ressemblent. Rien de bien original en fin de compte. En quelques clics, on sait tout de sa vie. De la boursouflure de son ego aux centaines de commentaires de ses followers, tout est orchestré pour qu'on l'envie, qu'on soit pris de la rage de réussir et de devenir aussi riche que lui. Ce n'est certes motivant que pour ceux qui aspirent au même genre de succès... Mais ils sont nombreux. L'image mentale qui me reste de son visage est très nette, car il prend toujours la même pose : la tête tournée sur le côté pour qu'on admire ses traits figés aux trois quarts, le menton toujours légèrement levé, ce qui lui donne un air suffisant et contribue à le rendre encore plus inaccessible malgré l'absence de pudeur dont il fait preuve – un trait caractéristique des maniaques, selon les psychiatres. Contrairement aux gens avec qui il pose, il ne sourit jamais. Ses tenues sont toujours sobres : des vêtements unis, très bien coupés. Il ne porte jamais de sac ni d'accessoires ; son iPhone dépasse de sa poche, c'est tout. Un type simple.

Les dirigeants, c'est entendu, sont normaux, accessibles, sans chichis ; ils se sont faits tout seuls. Mais ils parviennent tout de même à nous faire savoir, outre qu'ils sont révolutionnaires, que ce sont de véritables génies de l'avant-garde. Au-delà des superlatifs, leur communication regorge de litotes maladroites, de formules alambiquées démontrant leur humilité – première qualité d'une longue série. Tout le monde est génial, gentil, intelligent, travailleur, fort des compétences les plus recherchées... Et tout ça à l'échelle de la planète puisque nous vivons dans un monde globalisé.

Mais ne répétez pas tout ça trop fort. On rappelle pour ce faire combien le lancement d'une startup est une chose difficile. Cela demande beaucoup de sacrifices, d'efforts et d'abnégation. Personne ne connaît le sens du mot « impossible », tout le monde agit, retrousse ses manches, sue, sans paresse ni inhibition, avec simplicité – et ceci sera bien sûr exigé du candidat. Bref, ils sont loin d'être des losers. La preuve : « Le génie, c'est 1% d'inspiration et 99% de transpiration », « Nous sommes courageux et persévérants », « Il est grand de se reconnaître petit », « Notre mission : changer le monde », « Nous n'abandonnons jamais », « Nous sommes la startup la plus ambitieuse de Paris »...

La surmotivation exacerbée, la fausse humilité, l'univers fantasmagorique des super-héros, le courage et la prise de risque valorisés dans un monde sans pitié où tout va mal... tout cela est savamment mis en scène pour être attractif et crédible. Quand on se rend sur les sites des startups en question, il n'est pas rare de trouver, en plus de quelques phrases accrocheuses, les portraits des CEO et principaux managers assortis, en guise de légendes, d'éloges dithyrambiques d'anciens collègues de la branche : « J'ai eu l'occasion de travailler avec Pierre et je peux dire qu'il fait partie des meilleurs du monde dans son domaine », « Les mots me manquent pour dire combien Paul est quelqu'un de génial ! » Tant de bienveillance...

Parfois, des vidéos, tournées sans trop de moyens, mais suffisamment efficaces, montrent dès la page d'accueil à quel point l'ambiance qui règne au sein de l'open space est exceptionnelle. Quant aux comptes sur les réseaux sociaux, ils sont là pour diffuser la philosophie interne de l'entreprise « en mode "Vis ma vie de startupper" ». Que ce soit sur Facebook, Twitter, Instagram ou le blog de l'entreprise, tout est prétexte à s'exposer. Un matin, on a le plaisir d'accueillir le nouveau chien d'une employée du service clients – hop ! on poste un selfie avec le toutou parce qu'on est les amis des bêtes. Un après-midi d'été, alors qu'il fait terriblement chaud dans les bureaux, on se déshabille un peu, on se prend en photo avec des lunettes de soleil et un soda pour montrer qu'ici, c'est aussi cool qu'en vacances. Naturellement, la tâche ne s'arrête pas là. Il faut ensuite veiller à la bonne circulation de la propagande :

faire circuler ces contenus, les liker, puis vérifier qu'ils émoustillent le Web. Dans tous les cas, il faut cultiver pour soi l'ambiguïté offerte par la fausse modestie de la startup : mettre en scène tous les aspects de sa vie pour montrer à quel point elle est unique et originale (hipster ou non, tous les codes socioculturels y passent), alors que cela ne fait que prouver qu'on colle à l'esprit de la boîte, qu'on ne fait plus qu'un avec toutes ces stars.

Le CEO charismatique de Vesta, qui aime bien se regarder dans son téléphone, est très créatif quand il s'agit de motiver son équipe façon Star Ac'. Un lundi matin, nous sommes tous invités par mail à préparer un exposé sur notre travail. L'idée ? Les managers de chaque département de l'entreprise (éditorial, marketing, design, service clients, finance, dev...) présentent leur job et celui de leur équipe en quinze minutes – avec du style, un PowerPoint de compétition et, surtout, un grand sens de l'*entertainment*. Cela permet en un temps record de comprendre ce que font les différents employés, car même si nous sommes peu nombreux, nous ne connaissons pas les attributions de tout le monde : lorsqu'on se croise le temps d'un café à la cuisine, on en profite plutôt pour échanger quelques banalités ou parler de ce qu'on a fait le week-end. L'événement doit se dérouler sur deux demi-journées la semaine suivante, ce qui laisse aux différents volontaires le temps de se préparer. Bien sûr, cette activité n'est pas obligatoire. Mais les managers qui n'y participent pas – pour une raison ou une autre – ne sont pas franchement bien vus par la direction : ne manquent-ils pas cruellement d'esprit d'initiative et d'esprit d'équipe ? On leur permet de se donner en spectacle et de dire à quel point ils aiment leur boulot. Que demander de plus ?

Les différentes présentations se déroulent sans anicroche. Le CEO, ses associés et la directrice des ressources humaines y assistent en prenant des notes. Entre chaque exposé, on peut apprécier un tube de Rihanna lancé à fond et on a le droit d'aller se chercher une limonade bio ou quelques bonbecs à la cuisine. Les managers sont tous applaudis, quelques questions sont posées par l'assistance et le CEO, qui prononce le discours de clôture, est gratifié d'une standing ovation. Une heure plus tard, alors que nous sommes tous tranquillement retournés à notre vie terrestre, seuls devant nos écrans après ce beau moment de convivialité, nous recevons par mail une invitation à répondre à un questionnaire via une plateforme de sondage anonyme (en d'autres termes, permettant un anonymat relatif) afin d'évaluer les différents intervenants selon divers critères, dans le but de désigner le meilleur. En bas du message, il est précisé en gras et en lettres capitales qu'il est obligatoire de voter. Mais, rassurons-nous, cela part d'un bon sentiment : le but est d'apprendre à connaître ses forces et ses faiblesses, de s'améliorer individuellement pour réussir collectivement. La volonté des CEO est de créer une communauté motivée et constructive. Loin d'eux l'idée de pousser leurs employés à la compétition, la moquerie et la délation...

Je regarde les questions. Elles portent sur le travail de l'intervenant, sa motivation, sa personnalité, sa façon de se vendre. Nous a-t-il fait rire ? Nous a-t-il intéressés ? A-t-on décroché pendant son exposé ? A-t-il une forte personnalité ? Aimerions-nous travailler avec lui ? Pour chacun des employés, il faut donner une note de 1 à 5 sous forme de petites étoiles, comme pour un restaurant sur TripAdvisor ou un appartement sur Airbnb. Rien n'est dit sur le sort du gagnant. Ni sur celui du perdant. J'ignore si les managers concernés verront un jour leurs petites étoiles et les commentaires de leurs camarades. Je les plains. Sur les bancs de l'école primaire, moi, je savais combien de « bons points » je recevais de la maîtresse.

Ces pratiques entendent valoriser la motivation de l'individu, ce qui, sur le principe, est tout à fait honorable : fini les critères comme l'expérience de cinq ans minimum qu'on n'a pas eu le temps d'accumuler, les diplômes des grandes écoles auxquelles on n'a pas eu accès, ou, pire, l'origine sociale, le sexe, la couleur de la peau... Comme on glorifiait le prolétaire aux débuts du léninisme, on nous martèle aujourd'hui que nous sommes tous sur un pied d'égalité, qu'on peut tous saisir notre chance pourvu qu'on soit un brin original, visionnaire et déterminé. On fait coûte que coûte l'éloge de l'esprit aventurier et conquérant propre aux quelques héros que compte la Silicon Valley, on construit cette mythologie du succès et de l'innovation sur le dos de la crise financière et du désespoir.

Mais cette tendance, poussée à l'extrême, est devenue le mot d'ordre d'un régime despotique qui n'admet pas « les plus faibles », c'est-à-dire les réfractaires, et qui les relègue en bas de la pyramide sociale. Car si tout le monde peut, en théorie, devenir une superstar, on parle peu de ceux pour qui la « siliconisation » n'incarne ni un rêve... ni une sinécure.

Les managers du bonheur

De l'esprit des contenus

Une fois passées les différentes étapes de la candidature (pardon, « application », un anglicisme supplémentaire dans la novlangue des startups) et de l'entretien d'embauche (devenu « interview », moins ringard, plus excitant), je me suis donc retrouvée face à toutes les promesses faites en amont... ainsi qu'à ma motivation censée culminer à son zénith et me réduire à l'état de lion en cage. Mais de quels métiers parle-t-on dans la startupsphère ? Qu'est-ce qu'on y fabrique, en fait ?

Chez Vesta, je suis « content manager France ». En d'autres termes, je fais au quotidien l'expérience, très désagréable, d'un déficit d'intérêt intellectuel vertigineux. Recrutée après un entretien facile au cours duquel on m'a fait comprendre à demi-mot que j'étais « surqualifiée » alors que mon CV répondait point par point aux prérequis, mes tâches quotidiennes consistent à rédiger les descriptions des différents produits vendus sur le site, ou à les traduire de l'anglais ou de l'allemand lorsqu'elles ont déjà été écrites. Je m'occupe également du texte des newsletters qui, d'une semaine à l'autre, ne varie pas franchement puisque le but consiste à rabâcher sans cesse le même message (cliquez, achetez, aimez-nous, cliquez, achetez, aimez-nous...) sans que le client s'en rende compte, et du SEO[13], c'est-à-dire du référencement efficace sur Google.

Google a développé des outils redoutables, ses fameux algorithmes, qui ont pour vocation première d'améliorer la pertinence des résultats de recherche. Il s'agit en fait d'une véritable constellation d'algorithmes, de filtres et de règles évoluant sans cesse et dont les mises à jour sont redoutées comme la peste de tous les managers SEO. En effet, les « algos » pénalisent les sites qui ne respectent pas les consignes et favorisent ceux qui présentent des caractéristiques précises. Ils veillent donc à ce que le langage utilisé sur le Web reste formaté et ne soit pas pollué par des successions de mots-clés sans verbes ni mots de liaison. La fonction d'un content manager consiste à conformer les contenus à ces prescriptions : garder en tête la mission purement commerciale, mais utiliser des subterfuges qui feront croire à un grand fourmillement littéraire et donc à un discours intelligent qui se démarque des autres. Un content manager n'écrit ni pour des lecteurs comme le

13. Search Engine Optimization.

ferait un journaliste, ni pour des clients comme le ferait un communicant ; il écrit pour des robots qui parcourent le Web et surveillent grâce à leur capacité de calcul la moindre connerie qu'on pourrait dire. Ce sont eux qui font le verbe.

Au bout de quelques jours, une fois le vocabulaire et le ton de l'entreprise assimilés et mes textes de base bien calibrés, prêts à être déclinés à l'infini pour générer plein de clics, je perds mon latin et me transforme en perroquet. Je ne fais qu'écrire le même genre de textes pour diffuser le même message creux, sans aucune perspective d'évolution – qu'il s'agisse de l'écriture ou de ma carrière au sein de la startup. Je suis déjà manager de toute façon. Que pourrais-je être de plus ?

Le nombre de clics diminue sur le site ? *No prob.* On me demande de préparer une nouvelle newsletter. Pour une promo en cours, un nouveau produit, des soldes, des suggestions d'achats groupés ou de cadeaux... Pas grave s'il y en a déjà eu une dans la semaine sur le même thème, je dois recycler une autre idée, proposer une nouvelle image légèrement différente en accroche pour que le client n'ait surtout pas l'impression de se faire spammer. Pourtant, un pourcentage assez élevé des clients est encore abonné à la newsletter. Il faut utiliser l'humour, mais éviter les références trop compliquées. Surtout pas de jeux de mots, ça fait trop intello. On me demande plutôt de me baser sur les événements qui touchent les consommateurs dans leur ensemble, comme Noël ou les périodes de soldes, de parler de la météo ou des saisons qui passent. Je recycle donc

« C'est l'hiver, faites-vous plaisir » en « C'est le printemps, faites-vous plaisir ». « Ça marche à tous les coups », me dit-on dès le premier jour. À condition de mettre tout mon vocabulaire à la corbeille. Tout moyen est bon tant qu'il est fédérateur, respecte la ligne de conduite imposée par les robots de Google et justifie la fin : faire en sorte que le client clique frénétiquement sans se poser de questions existentielles. Au final, s'aligner sur les exigences de Google ne nécessite pas d'avoir une belle plume ni même une bonne orthographe : bien qu'il soit nécessaire de varier et donc de faire preuve d'un minimum de créativité, il est toujours dans l'intérêt de l'entreprise de sortir les mots les plus recherchés par les utilisateurs dans le moteur de recherche, ce qui limite les possibilités de grandes envolées littéraires. Il faut, plus encore que développer une image de marque, parler comme Google, puisque ce dernier est notre premier interlocuteur. Il faudrait peut-être que je songe sérieusement à troquer mon vieux Bescherelle jauni contre le manuel de stratégies SEO numéro 1 des ventes sur Amazon.

Sur le papier, le rôle du content manager est, dans son acception la plus courante, de créer et de gérer les contenus numériques pour l'entreprise. Il se rapproche souvent du community manager, qui gère les communautés d'utilisateurs. Le contenu dont il est question concerne le contenu commercial, c'est-à-dire les informations, sous forme de textes, images ou vidéos, qui doivent servir à communiquer sur l'entreprise, à diffuser sa philosophie en interne ou en externe, et créer ainsi une image cohérente pour acquérir de nouveaux clients. Pour ce poste, des « compétences rédactionnelles », un excellent anglais ainsi qu'une « solide culture générale » et un master sont requis. Ils prouvent notre capacité à élaborer une « stratégie éditoriale » multi-support. Dit comme ça, c'est engageant.

Les qualités pour lesquelles j'ai été recrutée et les vraies compétences que je peux mettre au service de l'entreprise sont annihilées par cet abrutissement généralisé. Car, plutôt que content manager, je suis en fait devenue « vacuum manager », manager de vide. Et tout comme les textes que j'écris, je suis remplaçable en un claquement de doigts – peut-être même par un robot. Surtout, en réduisant notre vocabulaire à néant, en nous contraignant à ne nous adresser qu'à des robots, et donc à penser comme des robots pour produire des messages stupides en batterie, on devient de plus en plus malléable, et donc perméable à la propagande. Après avoir été contrainte d'écrire des centaines de fois que les produits de Vesta étaient innovants, j'ai moi-même été tentée de leur acheter un canapé à 1 700 euros. Pourtant, c'était juste un canapé comme un autre. Répété en boucle sous mes propres doigts, le message avait fini par pénétrer mon inconscient.

Comme nous l'a appris Orwell, la manipulation du langage est le point de départ de tout discours totalitaire. Nos modestes messies de l'e-commerce ont beau vouloir

« révolutionner l'humanité » avec leurs innovations disruptives et se distinguer de leurs aînés, il n'en reste pas moins qu'ils utilisent, peut-être même sans s'en rendre compte, des procédés vieux comme le monde. Après tout, on affectionne tous les remèdes de grand-mère.

La disparition de la capacité à penser par soi-même peut même être le cœur de compétence d'une entreprise. C'est le cas de Koober, jeune startup française qui se dit « accélérateur de savoirs sur Internet ». Koober crée des résumés de livres, les compresse pour les transformer en « koobs » (*book* à l'envers...), qui se lisent en trente minutes maximum. Plus besoin de perdre son temps à tourner des pages, il suffit de se procurer les résumés pour briller en société ! Dans la vidéo de présentation, pleine de fraîcheur et parfois d'humour, on apprend, hébété, que Koober répond à un besoin. Les deux CEO, la vingtaine, coquets, barbe bien taillée et (bien sûr) chemise à carreaux, commencent en ces termes : « Aujourd'hui, on n'a plus le temps de lire. On passe plutôt son temps à travailler, lire ses mails, y répondre, téléphoner, traîner sur les réseaux sociaux, faire les courses, jouer aux jeux vidéo, se maquiller... » Leur réponse à ce problème grave? Nous enlever le poids et l'ennui du devoir purement social qu'est la lecture en nous permettant d'ingurgiter des centaines de pages en quelques minutes seulement. Pour cela, une « communauté d'auteurs », c'est-à-dire une équipe de rédacteurs – des petites mains payées avec des droits d'auteur –, s'occupe de lire pour nous le livre souhaité et nous en fournit un résumé clair et concis. La baseline de la startup : « Devenez plus intelligent. »

Réparateur de bonne humeur

Sur les sites français StartupOnly et Azerty Jobs, par exemple, où la plupart des intitulés de postes sont en anglais, tous les boulots ont l'air intelligents. En tout cas, ils impressionnent. Le terme qui apparaît le plus souvent est celui de « developer », suivi par ceux de « manager », « chef de projet » et « chargé.e de mission ». Les principaux domaines d'activité vont de l'IT *(Information Technology)* au marketing en passant par la communication et la finance. Un bon nombre de ces intitulés nécessitent de consulter les descriptifs de postes pour comprendre ce qu'ils impliquent concrètement, et ce même pour les initiés. Certains sont inventés de toutes pièces, que ce soit pour tenter de donner forme à une mystérieuse mission, en masquer le caractère ennuyeux ou enjoliver un job banal. Ainsi, « réparateur de bonne humeur » ou « magicien » désigne en réalité un vendeur ; « customer success professionnal », un agent du service clients *(call center)* ; « bras droit du CEO », l'assistant du PDG ; « assistant talent recruiter », un stagiaire en RH ; « office manager », un secrétaire pour l'accueil et « growth hacker », un jeune geek bon à tout faire en alternance.

Il s'agit en vérité bien souvent de *bullshit jobs*[14], ces nouveaux « jobs à la con » du secteur des services qui se targuent de contribuer à l'organisation rationnelle de l'entreprise, mais qui ne peuvent se décrire facilement, tout simplement parce que même les premiers concernés ne parviennent pas à expliquer clairement ce qu'ils font ni à y trouver une vraie utilité. Comment peut-on savoir ce qui se cache derrière des titres respectables et ronflants comme « traffic manager » ou « superviseur opérationnel de flux » ?

Avec la révolution digitale, de nouveaux métiers ont éclos de toutes parts : community manager, content manager, quality manager, SEO manager... Même s'ils jouissent du grade de manager sur le papier, ils sont rarement le fruit de longues années d'études ou d'expérience, et la réalité de leur quotidien ne fait pas toujours pâlir d'envie. À vrai dire, tout le monde est manager.

La hiérarchie est désormais « plate » *(flat hierarchy)*, conséquence de ce que l'on nomme le management « liquide », nouveau schéma du pouvoir débarrassé du dualisme « ordre-réponse », sorte de dialectique « maître-esclave » qui n'aurait plus lieu d'être à l'ère des *self-made-men* du digital qui se mettent désormais au service du monde (pour le sauver).

Concrètement, je n'ai pas eu une seule fois l'impression d'être dans un environnement exempt de hiérarchie. Une

14. Tel que les nomme l'anthropologue américain David Graeber.

hiérarchie plate est toujours pyramidale, même quand elle est habilement dissimulée et qu'elle ne dit pas son nom. Pour preuve : les nombreuses initiatives que j'ai voulu prendre et qui n'ont jamais abouti parce qu'on ne m'a jamais accordé le moindre crédit, le fait que je n'aie aucune responsabilité alors que j'étais manager et que je doive obtenir l'aval d'un collègue mieux gradé avant la moindre démarche, le fait que les CEO et certains managers – les plus haut placés – soient exemptés de profils sur le logiciel de management 7Geese[15]. Les salaires s'affranchissaient évidemment de toutes considérations égalitaires et restaient confidentiels. Quant aux deux CEO que j'ai connus des mois durant, celui de The Base et celui de Vesta, ils s'évertuaient tous deux, chacun à leur manière, à entretenir un culte de la personnalité. Imaginerait-on une star sans ses fans ?

Ces titres ronflants sont, en vérité, les cache-misère de l'exploitation. En réalité, je n'encadrais personne, si ce n'est mes feuilles de calcul dans Google Docs, et mon salaire avoisinait celui d'un stagiaire. Les offres de stages avancent masquées. Au mieux, l'intitulé comporte le terme d'« assistant(e) », mais ce dernier n'est rien d'autre qu'un euphémisme bienséant pour désigner un stagiaire. Dans la plupart des cas, il reste neutre, ne précise pas de quel type de contrat il s'agit. On trouve ainsi un bon nombre de « jobs à responsabilités » qui ne sont en fait que des stages d'une

15. Cf. C'est comme ça qu'on fait chez Facebook !, page 58.

durée de deux à six mois. Un stagiaire peut donc tout à fait se retrouver avec plus de responsabilités qu'un manager. Une super opportunité pour nous faire avancer dans notre carrière, nous dira-t-on.

Lorsque j'étais content manager, je travaillais à mi-temps. Preuve de plus, s'il en fallait, que mon poste, malgré le titre, n'était pas si important que ça. Lorsque j'ai démissionné, j'ai d'ailleurs été remplacée par un freelance, sans doute pour se soulager au passage de quelques charges sociales patronales inutiles.

« De quoi as-tu besoin pour exceller à ce poste ? D'avoir faim et d'être poussé au-delà de ton sens du devoir. » C'est ce que conseille une jeune startup à ses futures stagiaires. La « faim » et le sens du devoir priment même sur l'expérience et les diplômes dans la liste des prérequis. Si cela permet à un débutant de tenter sa chance, pourquoi pas... Encore faut-il qu'il soit suffisamment armé. Avant même d'avoir postulé, le candidat se trouve déjà face à son « sens du devoir », seul face à sa conscience : il *doit* servir l'entreprise comme un chevalier sert son ordre militaire. Après tout, qui n'a pas envie d'être excellent ? Lorsqu'on lit cette question rhétorique, on doit comprendre : « Viens travailler chez nous : tu penses être excellent, mais tu le seras plus encore. » On « pousse » le candidat au-delà de ses limites, mais on feint de lui demander d'y aller tout seul en faisant appel à son sens du devoir pour le responsabiliser. Une fois dans l'action, il sera guidé par les seules rênes de la compétition et de la volonté d'éblouir. La faim est un besoin primitif. Pour l'assouvir, rien de mieux que l'invitation devenue injonction morale… à chasser, ce qui implique inévitablement le combat et l'élimination des perdants. La convoquer ouvertement en entreprise, c'est réduire l'espace de travail à un terrain de chasse, à une jungle où le travail d'équipe est régi par de nouvelles règles du jeu. Dès lors qu'il s'agit d'être le meilleur, le plus rapide, le plus efficace, il n'est plus question de collègues, mais de gagnants et de perdants, de pièces noires et blanches sur un échiquier, dont on fait le décompte seconde après seconde.

La startup baigne dans la compétition. Il faut faire vite et bien, on sélectionne donc les meilleurs candidats, mais aussi et surtout les plus jeunes, ceux qui sauront faire face à une pression insidieuse et souvent considérable pour être le premier en tout. Une fois mis au travail, le nouvel employé n'oubliera jamais que s'il n'incarne pas la startup de tout son être, on lui dira vite au revoir sans autre forme de procès. Mais avec des bisous.

Travailler comme des robots

Chez The Base, je suis country manager France. Loin de m'occuper du développement commercial de la startup pour la France, comme le titre pourrait le laisser croire, je suis chargée de collecter des informations dans certains secteurs culturels en France afin d'établir une gigantesque base de données – la plus importante au monde en la matière, cela va de soi. J'ai un contrat de travail de trois mois. Étonnant pour un poste de « country manager »... Dans l'open space, nous travaillons chacun de notre côté sur notre liste de données huit à onze heures par jour. Il n'est pas interdit de s'entraider en se transmettant des informations glanées sur le Web ou dans des revues spécialisées, mais mieux vaut le faire discrètement, c'est-à-dire par mail ou dans le chat de Skype, pour ne pas gêner les autres avec nos bavardages. Nous sommes tous installés dans une seule pièce, éloignés les uns des autres de quelques mètres seulement. Mais dès que nous échangeons quelques mots un peu trop fort, la manager, la trentaine et déjà un air de maîtresse austère, nous remet en place en nous rappelant que l'open space n'est pas « une colonie de vacances ».

Les premiers jours, je me mets au travail sans rien demander à personne ; non par timidité, mais par souhait de me fondre dans cette masse étrange et silencieuse, de ne pas dépasser, de ne pas déconcentrer mes voisins de crainte de les freiner dans leur course quotidienne vers le succès. Le but de chaque journée de travail : atteindre un certain quota de recherches accomplies et donc de dossiers bouclés pouvant être ajoutés à la base de données générale, qui grossit de façon presque exponentielle. Naïve, j'ai toujours pensé que la recherche était une chose qui se partageait, sur laquelle il fallait communiquer si l'on voulait la mener à bien et lui donner un intérêt collectif. Il faut dire qu'on nous parle beaucoup d'« intelligence collective » dans les startups : chacun est supposé apporter sa pierre à l'édifice pour le rendre plus solide. Comme le CEO a étudié dans une grande université américaine – Harvard pour ne pas la nommer –, il doit connaître les bénéfices du travail en groupe. D'ailleurs, les commentaires en exergue du Welcome Kit qui nous a été fourni à notre arrivée semblent en attester :

« *No man is an island !* Nous sommes fiers d'être une équipe et une communauté. Travaillez ensemble ! », « Sois proactif : si tu as fini ton travail, va aider les autres. Nous travaillons tous ensemble. », « N'aie pas peur d'exprimer ta vision des choses et tes opinions. », « Ne fais pas comme si tu travaillais pour une entreprise. Sois innovant. »

Et pourtant. Un lundi matin, nous découvrons un tableau Velleda dressé au centre de l'open space. Un nouveau système, savamment étudié, va être mis en place afin de renforcer notre conscience belliqueuse : le soir, au moment de partir, nous devrons désormais reporter notre score de la journée sur ce tableau. C'est-à-dire le nombre de dossiers de recherches bouclés, qui oscille généralement entre trois et huit. J'imagine un instant ce que ça donnerait si les universités dévoilaient les performances individuelles, classées de la meilleure à la plus faible. Peut-être est-ce ainsi que sont traités les étudiants à Harvard ?

Le lendemain matin, trop impatiente, la manager qualité (quality manager, pardon) consulte le tableau avant même de prendre la peine d'enlever son manteau. Cette Russe quadrilingue de vingt-huit ans, sortie de Cambridge, vérifie scrupuleusement nos résultats, qu'elle consigne dans un tableau Excel, puis calcule notre taux de réussite afin de désigner le meilleur d'entre nous. À l'approche des 100 %, qui ne sont pas vraiment négociables, c'est la *win* ; en deçà d'un certain seuil, le risque est grand de devoir prendre la porte. Le contrôle de notre réussite constitue sa raison d'être en tant que quality manager. Elle fait chaque matin le tour de nos performances : nous sommes un par un convoqués à son bureau pour qu'elle épluche sous nos regards impuissants les résultats de nos recherches de la veille : non pour discuter de la qualité du contenu, mais pour en évaluer la quantité. Elle fait cela très vite, ayant visiblement acquis des automatismes. Cela vient sans doute de sa formation d'excellence. Dès son arrivée, elle s'installe en toute hâte à son bureau et appelle le premier disciple, désigné selon de mystérieux critères. En faisant dérouler les listes de textes et de tableaux devant ses yeux, elle coche en silence les cases de sa check-list de manager, lâchant de temps à autre quelques *« good, good »*. Les cases du fichier Excel se reflètent dans ses lunettes rectangulaires. J'ignorais qu'il fallait passer par Cambridge pour comparer des pourcentages.

Quelques jours plus tard, ce processus de team building pour le moins singulier monte d'un cran. Le CEO de The Base, vingt-sept ans, descend de sa tour d'ivoire et vient faire un tour parmi nous. Bien sûr, il ne se souvient pas de nos prénoms – nous sommes une vingtaine. Il jette un bref coup d'œil au tableau, félicite la manager pour son travail de supervision, puis entreprend de commenter nos scores. Les résultats sont assez inégaux, remarque-t-il avec pertinence. Certains taquinent les 100 % tandis que d'autres croupissent à 80 %. Conclusion : il va nous falloir changer de place. Les moins productifs devront s'asseoir à côté des plus rapides, car il « croit en la magie » – et surtout en l'esprit de compétition – et est par conséquent persuadé qu'un élément fort peut influencer positivement un maillon faible du simple fait de sa présence. Il entend ainsi offrir la gloire et le bien-être à tout le monde. Un vrai philanthrope ! D'ailleurs, la compétition est désormais officielle : dorénavant, le meilleur d'entre nous sera félicité publiquement chaque vendredi et se verra offrir un bon d'achat d'une valeur de 100 euros sur Amazon. En vérité, apprend-on, la course a déjà commencé. L'heureux gagnant ? Notre collègue originaire de Hong Kong. Tous les regards se tournent vers elle. Il nous invite à l'applaudir bien fort, puis finit par lâcher : « Après tout, ce n'est pas étonnant, on sait tous que les Chinois travaillent comme des robots ! » C'est la raison pour laquelle, conclut-il, il n'embauchera plus que des Chinois.

Sur ces bonnes paroles, notre patron fait le tour du propriétaire ; il vient nous voir les uns après les autres pour être sûr que nous avons bien compris le principe du jeu. Quand mon tour arrive, je lui explique avec mon plus beau sourire que je fais de mon mieux depuis le début ; que je suis une chercheuse dans l'âme et que j'ai un tempérament « proactif », pour reprendre ses mots, mais qu'entrer ouvertement en compétition avec mes collègues directs, ce n'est pas trop mon genre : j'ai envie de travailler avec eux, pas contre eux.

« *I don't care*[16] », répond-il en tournant les talons.

16. « Je m'en fous. »

À la recherche de nouvelles aventures

« En tant que personne », tu es flexible

« En tant que personne, tu es extrêmement bien organisé(e) et flexible, tu es ouvert(e) à de nouveaux challenges, et résistant(e) à la pression et au stress », « Tu finis toujours ce que tu entreprends et tu aimes le sprint », « Tu apprends vite et t'adaptes rapidement aux nouvelles situations de travail », etc. La soumission au travail passe aussi par l'exigence d'une flexibilité sans limites. Souvent exigée dans le descriptif de l'offre d'emploi et rappelée lors de l'entretien d'embauche, la flexibilité est effective dès le premier jour de travail... jusqu'au dernier. Dans les startups que j'ai connues à Berlin, qu'elles aient leur siège en Allemagne, en Californie ou en Irlande (pour des raisons fiscales), lorsque des employés démissionnaient ou se faisaient remercier, nous en étions avertis par de vagues rumeurs lors des pauses déjeuner. On remarquait parfois une chaise vacante. Il était très rare qu'un pot soit organisé. On ne voyait même pas le collègue traverser le bureau, penaud, un carton rempli d'affaires personnelles dans les bras comme dans les films américains des années 1990, puisque le matériel est aujourd'hui réduit à un simple ordinateur portable (qui de toute façon appartient souvent à l'employé) et qu'on tente de laisser les open spaces purs, libres de tout effet personnel tel que photos ou petits objets décoratifs (« on n'est pas là pour coller des gommettes ;) »). On reçoit parfois un mail des ressources humaines nous informant qu'un collègue est parti « vers de nouvelles aventures » ou qu'il a quitté la ville pour retourner dans son pays d'origine. Le ton est plutôt enjoué : « Chacun sa route. » Oussama Ammar, investisseur de vingt-neuf ans très connu pour sa pépinière de startups française, The Family (elle porte bien son nom), déclarait récemment : « Ce genre de vie n'est pas fait pour tout le monde. [...] Chez The Family, tous les six mois, on fait le point avec les employés et soit on les augmente, soit on les vire[17]. »

La flexibilité est le mot d'ordre de ce nouveau capitalisme sauvage propre aux startups. Le marché n'a pas fini sa mutation, le Web en sera peut-être à sa version 4.0 avant même qu'on ait vu passer la 3.0, il faut donc rester flexible. Flexible vis-à-vis de l'extérieur et de l'imprévu – c'est la vie, après tout –, mais aussi et surtout au sein de l'entre-

17. Propos recueillis par Alice Maruani pour Rue89, « Tu ne le sais pas encore, mais tu veux qu'Oussama Ammar pose son regard sur toi », 22 juin 2016.

prise. Être multidiplômé, multitâche, rester souple avec les horaires, savoir dire oui quand on voudrait dire non – *surtout* quand on voudrait dire non. Le souhait de ne pas se plier à une tâche ou à une condition de travail imposée est une faiblesse qu'il faut surmonter. Il faut toujours repousser ses limites pour progresser. « La génération Y s'adapte aux changements fréquents, aux projets individuels et autres fractures dans la carrière. » C'est ce que rapportent Klaus Hurrelmann et Erik Albrecht, un journaliste et un universitaire allemands, dans leur livre[18] consacré aux transformations profondes apportées et/ou subies par la génération Y dans la société. Il devient de plus en plus difficile, à cause, d'une part, de la crise et de ce qu'elle exige en matière d'adaptabilité et, d'autre part, des parcours universitaires qui se croisent et se multiplient, de coller des étiquettes professionnelles aux Y, leurs profils paraissant de plus en plus « atypiques » aux yeux des générations précédentes. Ils sont obligés de jouer la carte de la diversité et finissent par s'y plier volontiers. Ne rentrer dans aucune case est devenu une qualité.

Or, la flexibilité extrême, quand elle est subie, peut être le symptôme d'un manque de confiance en soi et le prélude d'une précarité durable. « La plus grande crainte n'est pas de perdre un emploi, mais de perdre de l'attractivité sur le

18. Klaus Hurrelmann et Erik Albrecht, *Die heimlichen Revolutionäre* (Les Révolutionnaires silencieux), Beltz, 2014, p. 52.

marché du travail[19] », avance Anders Parment, professeur en marketing à l'université de Stockholm et fin observateur de la génération Y. « À une époque où aucun travail n'est garanti jusqu'à la retraite, de nouvelles connaissances et compétences sont les meilleures assurances contre le chômage[20]. » Les jeunes candidats à l'emploi n'hésitent plus à se remettre aux études, à se former, à apprendre tout seul, à refaire un stage, surtout dans le domaine du numérique qui évolue constamment. Il n'en est pas moins navrant de constater que certaines compétences ou formations ne sont plus valorisées, qu'elles sont même tirées vers le bas par les dizaines de *bullshit jobs* qui débarquent sur le marché du travail et qui seront sans doute encore plus nombreux demain.

L'immense majorité des jeunes actifs que j'ai croisés depuis que je vis à l'étranger et me déplace dans notre vieille Europe globalisée est multidiplômée et polyglotte. Tous parlent couramment trois langues, quand ce n'est pas quatre ou cinq. Mais, tristement, on ne parle qu'anglais dans les startups berlinoises et, en l'occurrence, un anglais d'une pauvreté affligeante, le fameux globish, cette nouvelle langue mondialisée qui sert avant tout au business. La grammaire n'est plus un obstacle et le vocabulaire s'assimile rapidement. Quant aux diplômes de l'enseignement supérieur, même prestigieux ou obtenus

19. *Ibid*, p. 83.
20. *Ibid*.

avec de bons résultats, leur valeur a quelque peu changé. Avec mon bac+5 obtenu dans une grande école, je suis devenue « vacuum manager ». Mais je ne peux pas me plaindre : j'ai vu un docteur ès sciences postuler au poste d'agent au service clients.

Naturellement, la flexibilité concerne aussi les horaires de travail. Un jour, dans les bureaux de Vesta, où je suis « vacuum manager » vingt heures par semaine, la customer experience manager (la responsable du service clients) arrive à mon bureau en courant, l'air visiblement embêtée. Elle m'explique qu'ils sont débordés, tellement sous l'eau qu'ils n'ont pas le temps de recruter une personne supplémentaire. En réalité, ils ont publié une annonce, mais ne reçoivent que quelques candidatures par semaine. Les candidats ne se bousculent pas au portillon (et on les comprend). Elle me demande donc si je peux les dépanner de temps en temps, en plus de mon travail habituel. S'ils sont en sous-effectif pour s'occuper des clients francophones, c'est parce que le manager en charge de cette clientèle a démissionné brutalement, préférant transformer son préavis en congé maladie... Des clients appellent sans cesse parce qu'ils ont un problème (des erreurs de livraison, souvent), mais n'ont personne à qui s'adresser dans leur langue. À force, ça risque de ternir l'image de l'entreprise.

J'ai beau être la seule francophone de l'open space, la perspective de porter un casque et un micro pour me faire insulter par des clients mécontents, même quelques heures en passant, ne m'inspire pas vraiment. Je rétorque poliment que je veux bien dépanner une fois ou deux s'ils sont vraiment en galère, mais que ce n'est pas mon domaine et que je préférerais, tant qu'à faire, les aider à recruter quelqu'un. Cela me semble être un calcul plus intelligent. De plus, il est clair que cette mission représente pour moi des heures supplémentaires puisque la quantité de travail que j'ai à accomplir par ailleurs n'est pas réduite pour autant. C'est un fait : les heures sup' sont affaire courante et ne sont jamais rémunérées chez Vesta – enfin, sauf si l'on considère les bières et les pizzas distribuées après 19 heures comme une rémunération. Quand les startups les évoquent, c'est pour affirmer que c'est un mythe : « Chez nous, pas d'heures sup', mais des horaires flexibles. » Mais, en fait, elles n'existent pas *en tant que telles*. Travailler beaucoup et tard (sans compter les pauses Facebook) est considéré comme normal. Quand on voit un collègue partir à 18 heures, on est théoriquement en droit de lui demander si c'est pour sa pause. Au final, la manager n'a pas semblé comprendre les raisons de mes réticences. Elle n'a pas insisté, mais son silence et son regard en disaient long sur ce qu'elle pensait de moi : sans avenir.

C'est comme ça qu'on fait chez Facebook !

Un autre matin, c'est la manager du département créatif et éditorial qui traverse l'open space en courant pour nous enjoindre à la suivre de toute urgence dans une salle de réunion. Son visage d'habitude sympathique et jovial est assez grave. Je remarque sa nervosité à sa façon de tourner les huit anneaux dorés qu'elle porte aux doigts. Nous nous installons dans la plus grande salle, celle qui comporte un vidéoprojecteur et un tableau avec plein de flèches et de smileys dessinés dessus. Nous sommes une quinzaine – rédacteurs et graphistes pour la plupart –, armés de carnets et de stylos pour prendre des notes, même si nous savons pertinemment que ce ne sera pas nécessaire. De fait, nous apprenons d'emblée que la réunion ne porte pas sur une problématique liée à la création, mais sur le management ; ces jours-ci, les managers des différents départements convoquent leurs équipes pour les briefer au sujet d'une nouvelle mesure visant essentiellement à « [les] motiver » et à « renforcer l'esprit de groupe ». La manager nous présente alors une plateforme nommée 7Geese. Ses propos sont limpides, elle insiste sur le fait que tout est très simple *(easy)* et bien fait *(nice)*. Nous découvrons donc ce nouvel outil numérique qui a pour vocation d'organiser et de rationaliser le contrôle de l'activité des employés. 7Geese propose le « management des OKRs et de la performance continue » pour « diriger son équipe et atteindre plus d'objectifs ensemble ». Les OKRs, ce sont les « Objectives and Key Results ». En français : les objectifs et résultats-clés. En clair, sur cette plateforme au design proche de la perfection, nous sommes tous obligés de créer un compte auquel nous devons nous connecter au minimum une fois par semaine, au mieux tous les jours. Issue de cerveaux sans doute brillants de la côte ouest du Canada, 7Geese a pour mission d'aider les managers à garder un œil sur les performances de leurs petites mains et d'aider ces dernières à donner des feedbacks à leurs petits camarades. Sur notre profil – public bien entendu –, nous devons renseigner tout un tas de données personnelles : photo, coordonnées, lien vers notre profil Facebook, description de nos tâches et missions du moment. Surtout – et c'est ce qui fait l'essence de cet outil révolutionnaire –, nous devons y noter chaque semaine les objectifs que nous nous fixons dans le cadre de notre travail et préciser de quelle façon nous comptons les atteindre rapidement. Pour ma part, cela pourrait être aussi puissant que : « Écrire du contenu de qualité irréprochable, avec une bonne densité de mots-clés », puis « Améliorer le référencement Google pour attirer plus de clients francophones ».

Ces objectifs, publics, ont pour but de donner la meilleure image possible de nous-mêmes. On attend donc des autres employés – c'est obligatoire – qu'ils les « aiment » ou pas. Comme sur Facebook. C'est ainsi qu'on reçoit des feedbacks, positifs ou négatifs, de la part de nos collègues, qui nous permettent, outre de nous améliorer, d'augmenter notre cote de popularité au sein de l'entreprise, nos chances de devenir un *winner* reconnu ou d'obtenir, un jour, qui sait, une promotion. En effet, nul doute que les feedbacks continus « activent la conscience de soi », « aident les employés à tirer parti de leurs points forts » et permettent d'identifier les comportements positifs et les leaders. Tout le monde est donc amené à dire, virtuellement certes, mais ouvertement, qu'untel fait du bon boulot, ou qu'untel a des objectifs nuls, pas assez ambitieux. L'ensemble des employés peut tout voir. Je ne doute pas que ce soit plus facile et bien plus efficace que de se lever et d'aller voir un collègue pour lui dire en face qu'il fait un boulot de merde. Naturellement, les quatre managers les plus haut placés de la boîte et le CEO en sont exemptés. Nul ne connaît leurs objectifs. Et puis quoi encore ? On voudrait connaître les secrets de la réussite de nos héros ? Tant pis pour eux : ils ne profiteront pas de la richesse de 7Geese.

Une question me taraude. Je lève la main : « Comment les autres peuvent-ils évaluer la qualité de mon travail alors que j'écris en français et que personne ici ne lit cette langue ? » La manager se contente de bafouiller un « je ne sais pas », ce qui m'encourage à poursuivre : « Comment les collègues du département design graphique, ou notre secrétaire, par exemple, peuvent-ils attester que j'ai bien atteint l'objectif d'accroissement du nombre de clics sur le site grâce à mes seules qualités rédactionnelles ? » Silence dans la salle. Rompu par le clou du spectacle : le CEO vient d'envoyer un mail pour nous informer que nous devons tous avoir terminé notre profil le jour même, avant 18 heures. Il vaut mieux prendre tout cela comme un jeu, ajoute-t-elle un peu gênée, ça passera mieux ainsi et ça nous motivera sans même qu'on s'en rende compte. Pour elle, c'est plus du coaching que du management. Je lui explique que ce n'est pas un jeu auquel j'ai envie de jouer, que je préfère qu'on vienne me dire en face ce qu'on pense de mon travail plutôt que de le découvrir sur un écran en même temps que tout le monde. Elle me répond avec un soupir qui veut dire « je sais », puis me gratifie d'une tape amicale sur l'épaule tandis que je passe devant elle pour sortir : « Tu sais, c'est grâce à ce genre de logiciels que les employés de Facebook et de Google connaissent tant de succès ! »

Toute compétition implique un gagnant et un perdant. Qu'une entreprise soit en compétition avec d'autres, c'est une chose. C'est la loi du marché. Mais qu'elle mette en concurrence ses employés, qui plus est de façon « transparente », c'est-à-dire publique, sous prétexte de les coacher efficacement ou de les motiver de façon décomplexée, c'est les traiter comme des gladiateurs. Bienvenue dans l'arène : avec ce « logiciel de management social », nous sommes à la merci d'un pouce qui se lève ou s'abaisse comme celui de l'empereur. Le pouce en l'air et c'est la gloire, sinon, on est promis à la poussière, et pour longtemps... Du moins, jusqu'à la chute de l'Empire.

Mieux qu'un salaire, des « perspectives d'évolution »

« Nous n'offrons pas un job ni un salaire, mais un pied dans l'entreprise » est une formule courante dans le milieu des startups. De nombreux stagiaires très peu gratifiés, des managers qui ne voient jamais la couleur d'une prime, beaucoup de freelances et, dans le cas précis de l'Allemagne, des salaires horaires inférieurs à 8,50 euros avant l'introduction du SMIC dans le pays en janvier 2015. Lorsque j'étais country manager en 4/5e, je touchais 960 euros bruts par mois, non négociables les six premiers mois. Heureusement, le CEO aux dents blanches diplômé de Harvard m'avait promis des « perspectives d'évolution » après cette échéance, m'expliquant le plus naturellement du monde par Skype qu'on était tous dans le même bateau et qu'eux non plus ne gagnaient pas beaucoup d'argent avec cette affaire.

J'ai connu une secrétaire trilingue en CDD, assistante à tout faire/souffre-douleur, payée 850 euros bruts par mois sous prétexte qu'elle n'avait que le bac. Cette jeune femme prenait son mal en patience, partageait son loyer avec une colocataire et sa chambre avec sa sœur, espérant obtenir un jour une augmentation si elle « donnait tout » et montrait patte blanche.

Sur le principal site de bourse à l'emploi pour les startups berlinoises (berlinstartupjobs.com), une vingtaine d'offres est mise en ligne dans la rubrique « stages » chaque semaine[21]. Parmi elles, seulement sept (en moyenne) mentionnent que le stage est rémunéré. Aucune ne donne de chiffres. Trois affichent l'énigmatique formule « salaire compétitif » sans donner plus de détails. Sur le site d'offres d'emploi français StartupOnly, si les montants des levées de fonds sont parfois fièrement mentionnés, les salaires, en revanche, ne le sont jamais, pas même sous forme de fourchette indicative. La transparence totale ?

À Berlin, en 2011, j'ai dû signer un contrat de freelance d'un mois qui ne garantissait pas grand-chose, et surtout pas la rémunération ou une durée minimale. Il stipulait entre autres que si l'employeur n'était pas complètement satisfait de la qualité de mes prestations, il pouvait décider de me rémunérer partiellement, voire pas du tout : « Si, en raison d'un pic d'activité et d'intérêts économiques élevés, un projet nécessite plus de travail, l'employé doit être prêt à le fournir, dans la mesure du possible. » Enfin, comme il s'agissait d'un contrat de freelance, aucune cotisation sociale n'était à la charge de l'employeur : je devais me débrouiller pour ma retraite (autant dire qu'avec la très faible somme que je percevais, je ne pouvais tout simplement pas me permettre de vieillir) et m'acquitter moi-même de mon assurance santé et invalidité si je pensais tomber malade un jour. Les acquis sociaux du lointain XXe siècle disparaissaient peu à peu devant moi.

21. En août 2015.

C'est ainsi que le nombre d'entreprises individuelles augmente. Que ce soit la SASU[22] ou le statut d'auto-entrepreneur en France, ou plus largement celui de freelance dans d'autres pays d'Europe, comme l'Allemagne, ces cadres juridiques déchargent l'employeur d'une bonne partie de ses obligations, signent un relâchement des liens entre l'employé et l'entreprise et vice versa. Ils incarnent une nouvelle façon de travailler, plus libérale ; un esprit largement apprécié dans le nouveau monde du numérique. Le freelance, navigateur solitaire du XXIe siècle ?

Une existence libre, la vie de bohème 2.0 ? Peut-être. Les Y ont ceci en commun avec les artistes et intellectuels du XIXe siècle que leur acception du mot « indépendance » varie en fonction de l'état de leur portefeuille. Les bohèmes romantiques vivaient avec ce perpétuel paradoxe : d'un côté, la haine des bourgeois et de leur vie bien rangée ; de l'autre, l'envie de jouir tout de même d'une certaine aisance pécuniaire pour atténuer le stress du lendemain. Les jeunes qui travaillent dans les startups défendent leur indépendance d'esprit et mettent en avant leur capacité à prendre des risques pour l'amour de l'innovation. Ce ne sont plus de petits bourgeois comme la génération X qui a fini, elle, à terme, par reproduire les schémas de carrière des baby-boomers. Mais le manque de stabilité de l'emploi et l'accumulation de CDD peuvent parfois les pousser à

22. Société par actions simplifiée unipersonnelle.

envier le « confort », relatif certes, des salariés en CDI ou des fonctionnaires...

« Le salariat s'est considérablement développé durant toute la seconde moitié du XXe siècle, en particulier avec la diminution du nombre d'exploitants agricoles, et on arrive au bout de ces phénomènes[23] », prévient Fabrice Lenglart, directeur des statistiques démographiques et sociales à l'Insee. « La recrudescence du travail indépendant peut être aussi dans certains cas liée à des difficultés rencontrées dans la recherche d'un emploi salarié[24] », ajoute-t-il. L'Union européenne compte aujourd'hui près de 9 millions de travailleurs indépendants et de freelances, un chiffre qui a augmenté de 85 % depuis l'an 2000 en France, qui occupe la troisième position derrière la Hollande et la Pologne[25].

Dans toutes les startups où j'ai travaillé, le turn-over était considérable : on enregistrait beaucoup de démissions et de nouveaux arrivants presque toutes les semaines. Très souvent, les CEO ne connaissaient pas les noms de leurs employés, et il faut les comprendre : comment ne pas souffrir de prosopagnosie quand ils sont si nombreux, partent et arrivent à ce rythme ? Chez Vesta, la secrétaire postée à l'accueil de l'open space s'occupait de tout ce qui

23. « France : les travailleurs indépendants sont de plus en plus nombreux », *Le Point*, 11 février 2015.

24. *Ibid.*

25. Base de données Hopwork & Manifesto EFIP (repris sur le site de Maddyness, magazine sur les startups françaises).

concernait de près ou de loin le bureau : achat de matériel, planification des pots, accueil des nouveaux arrivants, mais aussi vidage du lave-vaisselle, remplissage de la machine à café... Elle a démissionné parce qu'elle était à bout. Malgré son titre pompeux d'office manager, elle était traitée comme une moins que rien, et le CEO aux selfies ne l'appelait jamais par son prénom. Elle m'a confié que les seuls moments où il daignait lui adresser la parole, c'était pour lui ordonner d'effacer le tableau de la salle de réunion parce qu'il attendait des investisseurs pour une réunion de la plus haute importance. On ne lui confiait que des tâches ingrates, sans aucune reconnaissance ni respect. Lorsqu'elle a annoncé sa démission, personne ne lui a posé de questions. Elle serait remplacée par une autre jeune femme, voilà tout. Elle a d'ailleurs été chargée de la recruter elle-même. Les office managers sont parfaitement interchangeables, on se fiche de leur CV. On leur attribue un titre prétentieux pour les rassurer quant à un éventuel complexe d'infériorité et les caresser dans le sens du poil. On leur fait miroiter une hiérarchie plate et d'autres carottes, puis on les range bien gentiment de côté. Le jour de son départ, je lui ai demandé comment elle se sentait et ce qui l'attendait pour la suite. Après avoir pris une grande inspiration et retenu ses larmes, elle m'a fièrement annoncé qu'elle avait trouvé une place de secrétaire dans une grande banque d'investissement, située quelques blocs plus loin, dans la même rue. Elle savait que l'environnement de travail n'était pas

« sexy », que ce serait bien moins « intéressant » et qu'elle n'y « rendrait pas le monde meilleur ». Mais elle allait gagner sa vie correctement et ne plus subir ni entendre de *« bullshit ».*

Rappelons qu'il y a quelques années, en 2009, la France entrait comptablement en récession, la pire dépression depuis l'après-guerre. Le PIB a fait un bond en arrière de 2,2 %, 412 000 emplois ont été supprimés[26]. Tout le monde s'est alors mis à espérer une reprise rapide de la croissance économique, mais la situation de l'emploi n'a fait que se détériorer. Des mesures spécifiques ont été prises pour y remédier. Un plan d'urgence, doté de 1,3 milliard d'euros, a été lancé le 24 avril 2009. Ces mesures visaient notamment à favoriser l'insertion des jeunes sur le marché du travail. Depuis, le chômage est en augmentation constante. En mars 2016[27], il concernait 10,2 % de la population en âge de travailler dans la zone euro et 10 % en France. Selon un rapport de la Commission européenne[28], plus de 5 millions de jeunes âgés de 15 à 24 ans sont sans emploi, soit plus d'un sur cinq. Le taux de chômage des jeunes (21 %) représente ainsi plus du double du taux de chômage global, ce

26. « La France a connu en 2009 la pire récession depuis 1945 », *L'Obs*, 12 février 2010.

27. Eurostat, mars 2016 (article du 26 juillet 2016, consultable sur www.touteleurope.eu).

28. « Addressing Youth Unemployment in the EU » (à télécharger sur le site de la Commission européenne : http://ec.europa.eu/social/main.jsp?catId=738&langId=en&pubId=7817).

qui permet de dire que la crise économique les touche de plein fouet. Qu'en est-il de ceux qui ne sont pas comptabilisés dans ces chiffres ? Certains ne touchent pas le chômage parce qu'ils n'ont pas encore eu l'occasion d'accumuler suffisamment d'expérience. 42,7 % de ceux qui travaillent n'ont qu'un contrat temporaire, sans perspective d'avenir stable. D'autres, heureusement, échappent encore à cette loi de Murphy.

J'ai obtenu mon premier diplôme, un BTS, l'année de la crise financière, en 2008, quelques mois avant le grand krach boursier. Les États et les banques centrales s'agitaient, tout le monde paniquait et n'avait plus que deux syllabes aux lèvres : *cri-* et *-se*. L'Islande entra en situation de cessation de paiements. L'économie mondiale fut violemment affectée par la crise des *subprimes* aux États-Unis et celle de la dette. L'Europe tout entière reçut l'onde de choc des risques financiers systémiques. C'est cette même année que le taux d'emploi global des jeunes européens a entamé sa chute vertigineuse, passant de 37,3 % à 32,5 % en quatre ans. Il était déjà huit fois plus élevé que le taux des adultes[29]. Et ce n'était que le début.

Certains scénarios se répètent et se répandent à travers les différentes couches de la société – indépendamment du lieu d'habitation, du niveau d'études ou du milieu social d'origine. J'ai souvent été témoin de cette inconstance,

29. Site de la Commission européenne (http://ec.europa.eu).

de cette précarité à plusieurs visages, que ce soit à Paris, à Berlin, dans des villes de taille moins importante ou d'autres capitales européennes. Du stress, un avenir flou, un enfermement de plus en plus profond dans les difficultés... Concrètement, cela peut donner lieu à une perte de la mutuelle, puis de l'assurance santé, des problèmes d'accès au logement, plusieurs déménagements par an pour aller de colocation en sous-location faute d'avoir des fiches de paie ou des garanties suffisantes.

J'ai vu des gens dire « plus jamais ça » et devoir recommencer. Se promettre qu'ils ne remettraient plus les pieds derrière le comptoir d'un bar après leurs premiers stages et y retourner, faute d'avoir trouvé un emploi dans leur branche. J'ai vu des jeunes femmes et des jeunes hommes devenir complètement dépendants financièrement de leur partenaire, sous-louer leur voiture ou leur chambre pour vivre dans leur salon (puisque tous les aspects de la vie sont désormais marchandables), ou retourner frapper à la porte de leurs parents à trente ans. Des femmes enceintes mettre de l'argent de côté parce que leur congé maternité ne leur permettrait pas de vivre décemment. Ce sont ces gens que j'ai vus accepter un contrat précaire avec une paie ridicule dans une startup parce qu'on leur faisait des promesses, qu'on leur offrait des « perspectives d'évolution » s'ils acceptaient de « tout donner ». Passer d'un emploi précaire à un emploi stable s'avère très difficile, et l'accumulation des contrats freelance n'est en aucun cas un signe de bonne santé professionnelle. Pire, ça fait tache sur le CV. C'est la pierre d'achoppement de la « génération 1 000 euros ». « Souvent, les entreprises sont réticentes à embaucher les profils de freelance, car elles ont peur que les candidats ne soient pas capables de s'intégrer dans la structure d'une entreprise[30] », me confirme le recruteur Jérôme Lecot, spécialiste de l'espace franco-allemand.

En Allemagne, dans le cas d'une véritable embauche, le montant des cotisations sociales prélevées sur le salaire est pris en charge à parts quasiment égales par l'employeur et le salarié, les charges sociales correspondant à environ 21 % du salaire brut. Les travailleurs indépendants sont désavantagés par rapport aux salariés, car ils peinent à gagner davantage, en plus de manquer de stabilité. En France, l'ubérisation grandissante des services est un facteur majeur de fragilisation. Les cyclistes livreurs pour Deliveroo, une startup en plein boom qui livre des plats de restaurants à domicile, sont payés 5,75 euros la course, doivent être équipés de leur propre vélo ainsi que d'un smartphone et avoir déclaré leur activité de prestation de services (SARL, entreprise individuelle ou auto-entrepreneur).

Un jour, alors que je demandais lors d'un entretien d'embauche de quel type de contrat de travail il s'agissait, mon interlocutrice m'a fait comprendre que poser cette question pouvait trahir un manque d'ambition : « Être free-

30. Entretien réalisé fin 2013.

lance, c'est un état d'esprit, c'est la liberté ! » m'a-t-elle lancé avant de me présenter sa vision d'un monde globalisé qu'il est si bon de parcourir dignement, un laptop sous le bras et un smartphone à la main. Après tout, c'est vrai, si c'est de liberté qu'il s'agit, de quoi se plaint-on ?

L'angoisse du vide

Faire de sa vie un « event »

Un jour, j'invite une copine à prendre un café pendant le week-end. Nous sommes convenues d'un lieu et d'un horaire par SMS, à savoir un café de notre quartier, le surlendemain. Quelques secondes plus tard, je reçois un mail de sa part, préformaté pour mon calendrier Google, m'invitant à rentrer dans ce dernier le lieu exact du rendez-vous avec adresse, plan et tranche horaire, et la possibilité de programmer une alarme au cas où j'oublierais. Je peux même répondre par l'affirmative à la question « Allez-vous participer à cet événement ? ». Bien sûr, cette copine bien organisée est une jeune startuppeuse.

Quand je lis les conseils prodigués aux jeunes ou futurs entrepreneurs un peu partout sur le Web, je me rends compte à quel point le mot d'ordre est d'être et de rester à tout prix actif et efficace, que ce soit dans la vraie vie ou sur les réseaux sociaux. Tout doit être organisé, *managé,* mis sur une plateforme. De l'emploi du temps aux réunions de travail, en passant par les employés eux-mêmes et leurs tâches, les différents cercles d'amis, la famille ou les loisirs. Il convient de penser à sa boîte tout le temps, de ne pas compter ses heures, d'organiser tout le reste de sa vie en fonction, de faire partout du networking et de fourmiller constamment d'idées folles. Mes collègues chez Vesta profitaient de leurs pauses déjeuner pour mettre à jour leurs profils sur les réseaux sociaux. Chez The Base, on nous invitait à entretenir notre culture d'entreprise en fréquentant les mêmes lieux et à ne lire que des magazines directement en lien avec notre travail. Le CEO qui m'avait avertie qu'il fallait « tout donner » m'avait également prédit le don d'ubiquité : « Il faut que tu sois partout où il se passe quelque chose de nouveau, que tu ailles dans tous les vernissages, que tu sois au courant dès qu'un nouveau bar ouvre, bref, il ne faut pas que tu aies peur d'être partout à la fois. »

Pris encore en exemple par de nombreux entrepreneurs – malgré le caractère désormais très discutable du modèle économique d'Amazon et un certain nombre de graves scandales sur les conditions de travail déplorables de ses employés –, Jeff Bezos avoue changer d'idées dix fois par jour (sans forcément en parler à ses managers), *justement* parce qu'il est intelligent, et donc flexible. Ce symptôme, qui se nomme « fuite des idées » en psychiatrie, est typique de l'état maniaque. Selon les gens comme

Jeff Bezos, apprendre, avancer, être efficace, c'est aussi savoir adopter une nouvelle idée en se disant qu'elle est probablement meilleure que celle qu'on avait ne serait-ce quelques minutes auparavant, puis retourner sa veste en conséquence et donc forcer tout le monde à nous suivre – comme une girouette devenue folle. Pour se retrouver dans ce magma et faire en sorte qu'il ne devienne pas un chaos dont il serait impossible d'extraire quoi que ce soit d'efficace, il n'y a qu'une seule chose à garder en tête : le succès de la startup.

C'est donc toute la vie qui doit s'organiser autour de ce but. Les mails sans importance, c'est-à-dire émanant de personnes dont on ne peut rien tirer professionnellement, peuvent attendre. Les afterworks avec des gens qui n'ont rien à voir avec la scène startup et qui ne sont pas branchés ? Perte de temps. Se rendre spontanément à un événement ? Oui, à condition qu'on puisse y parler business et y nouer des contacts intéressants, en bref, en tirer quelque chose de productif. Passer du temps avec sa famille ? D'accord, mais pas trop quand même... Sauf si on arrive à garder un œil sur les réseaux sociaux et à penser à la boîte en même temps, comme on parle d'une tâche de fond en informatique.

Dans l'open space d'une startup que je n'ai fait que visiter était disposé un grand panneau de carton sur lequel chaque équipe collait des Post-it de couleur répartis sur trois colonnes. Chaque ligne correspondait à une mission en particulier. La première colonne concernait les tâches au stade de projet ; la seconde, celles qui étaient en cours de traitement ; la troisième, celles qui venaient d'être terminées. Chacune d'elles comprenait des subdivisions en fonction de la complexité de la tâche en cours. Ce système, d'apparence archaïque à l'ère des logiciels de gestion de projets, présente deux avantages majeurs : il permet d'avoir une belle vision d'ensemble de l'open space en se décollant deux secondes de son écran, mais surtout de montrer aux autres ce qu'on fait et vice versa. Cela permet donc de garder le contrôle quand on est manager et de faire jouer, consciemment ou non, la concurrence. Quand son Post-it est à la traîne tandis que d'autres ont déjà atterri sur la colonne de droite, c'est un peu la honte…

Dans toutes les startups où j'ai travaillé, on créait un Doodle, on envoyait une invitation Google avec l'exhortation à répondre « Oui/Non/Peut-être » pour la moindre réunion. Les startuppers ne manquent pas d'imagination quand il s'agit de rationaliser encore plus les tâches et d'apporter de nouveaux outils de management. Tout devient online, partagé et transparent. Impossible, donc, d'avoir la moindre intention ou pensée secrète ! Toutes les facettes de notre vie finissent sur un « profil » de plus… Mais tout ça, c'est juste pour nous aider à vivre mieux, parce qu'on n'y arrive pas tout seul.

Suivez le process

Dans une startup spécialisée dans la photographie où j'ai été freelance quelques semaines, un logiciel était utilisé chaque matin pour mesurer les performances de la veille du service clients. Le nombre d'appels, leur localisation, leur durée, leur issue, ainsi que le temps effectif de travail de la dizaine de personnes que compte ce service sont gérés chaque jour numériquement. Nous sommes enregistrés en permanence. Nous utilisons des téléphones spéciaux reliés à un logiciel. Des statistiques sont générées automatiquement. Le logiciel en tire des diagrammes en couleurs et des classements en fonction de tous les critères possibles, qui chaque matin permettent à la quality manager de commenter les résultats et donc d'effectuer son travail de manager : gérer l'équipe pour qu'elle travaille mieux, plus vite, plus efficacement.

Chaque matin, cette petite brune énergique et souriante briefe tout son petit monde, puis élit le meilleur employé du jour, c'est-à-dire celui qui a réussi à passer le plus d'appels ayant abouti à une vente de matériel. Cet employé n'est jamais présenté comme tel, ce serait trop ringard : on utilise plus volontiers le terme de « héros ». La manager demande à chacun de faire part de sa meilleure expérience, en l'occurrence une conversation téléphonique ayant abouti à une belle vente, pour en faire profiter tout le monde et donner l'exemple. À l'inverse, elle ne manque pas de faire des réflexions aux maillons faibles de l'équipe, mais toujours avec le sourire : « Il faudra que tu fasses mieux la prochaine fois, c'est d'accord ? »

Tout est transformé en données – qui sont d'ailleurs les véritables pépites de la startupsphère. Les fichiers clients, qui s'achètent ou se louent, les mails des prospects (mot de plus en plus souvent remplacé désormais par son équivalent anglais *lead*), les données de Facebook et d'autres réseaux sociaux, le nombre de clics, de secondes passées sur le site, le taux de conversion... Tout est comparé, calculé, classé, comme le ferait un collectionneur de timbres devenu obsessionnel. Mais au final, la collection vaut de l'or.

Outre l'aspect répétitif de la tâche, les jours se ressemblent pour cette équipe de service clients, comme pour beaucoup d'autres : répéter des dizaines de fois les mêmes choses au téléphone avec le même ton mielleux, se fixer des objectifs, se donner les moyens de les atteindre en dressant des to-do lists longues comme le bras, partager ces dernières avec tout le monde pour que chacun ait son mot à dire sur la façon dont nous gérons notre propre travail ; pour les managers : systématiser, calibrer, ordonner, rationaliser les tâches des employés pour mieux les mesurer, les noter, les classer, repérer ainsi les éléments forts du groupe et partager ces informations avec toute l'entreprise pour que personne ne puisse se cacher en cas de note insuffisante et donc d'agissement contraire aux buts fixés par cette même entreprise pour réussir. Un score trop bas, ça peut arriver, on a toujours droit à l'erreur. Mais si cela se répète, c'est la convocation dans le bureau du manager, qui tente d'abord de comprendre ce qu'il se passe, puis prend les mesures nécessaires pour vite remettre le maillon faible sur la rampe du succès.

Pour décrire l'ensemble de ces étapes cruciales, on utilise le terme de processus ou, mieux, de « process » : une succession d'actions constituant une manière de faire, une méthode de fabrication, pour parvenir à un certain résultat. Il faut un process pour tout. Tout d'abord, l'embauche est un process. Elle est constituée d'une succession d'étapes que le candidat doit franchir avec succès et le recruteur effectuer avec efficacité : l'envoi de la candidature, la réussite d'un premier test, le premier entretien, l'éventuel second entretien, puis la phase d'*onboarding* qui consiste à installer le nouvel arrivé à son poste et à le familiariser avec son nouvel environnement et ses premières tâches pendant une ou deux journées. Une fois en poste, le quotidien est rythmé par d'autres process : la communication avec les collègues, les réunions, la résolution de problèmes et de conflits, la pause déjeuner, l'organisation d'événements avec l'équipe... Tous ces éléments classiques de la vie en entreprise sont placés sous l'égide de la technologie et consignés jusqu'aux moindres détails dans des logiciels dédiés. Seules les pauses pipi échappent à la règle (et encore, en suis-je bien sûre ?). À vrai dire, décider de faire quelque chose sans élaborer de process au préalable peut être perçu comme complètement anarchiste ! J'ai vécu des situations grotesques où les différentes étapes me demandaient autant de temps que la tâche elle-même. Ma boîte mail professionnelle était pleine à craquer d'invitations à des réunions ou de conversations qui n'étaient que des allers-retours entre différents managers pour checker que toutes les cases avaient été cochées – par exemple la rédaction d'un texte de dix lignes ou le choix d'une image. Pas de place pour l'improvisation ! Chaque stade (proposition, concertation, recherche, concrétisation, choix, corrections...) devait être validé. Chez Vesta, nous avons dû différer d'un jour l'envoi d'une newsletter parce que nous attendions désespérément la validation d'un manager pour l'emploi d'un mot plutôt que d'un autre dans le texte. Il s'agissait en l'occurrence de synonymes proches. L'équipe éditoriale était composée de trois personnes ayant des années d'expérience, dans leurs langues maternelles respectives, dans le journalisme, l'édition et la publicité. Mais il était essentiel qu'un manager en marketing ne parlant qu'anglais vienne évaluer leur vocabulaire.

La solitude du people manager

Il existe des dizaines de logiciels de ressources humaines permettant de rationaliser l'embauche et d'automatiser les tâches pour libérer les DRH – en novlangue, « people manager » ou « talent recruiter ». J'ai eu l'occasion d'en utiliser, d'abord en tant que candidate, puis en tant que « faisant fonction de DRH », lorsqu'on me pria de recruter un francophone dans une startup berlinoise. Pendant quelques jours, je suis donc passée « de l'autre côté », ce qui m'a permis de comprendre un certain nombre de choses.

BambooHR (« *Human Resources* ») est un logiciel payant pour les petites et moyennes entreprises. Il simplifie non seulement la politique de recrutement, le processus d'embauche et la phase d'*onboarding*, mais aussi toute la gestion des relations humaines traditionnellement confiée au people manager : le « management social » (le management des hommes), les demandes de congés et d'augmentations, les arrêts maladie, la gestion d'une base de données concernant les employés, la mesure de leurs performances, voire la résolution des conflits... Tout se fait désormais numériquement (même les signatures sont électroniques). Au point d'en devenir un trait obsessionnel : on veut l'immatérialité la plus pure, comme si elle était garante d'une hygiène totale. Il faut se débarrasser de tout contact avec le papier et, surtout, ne plus s'encombrer de contacts humains. Tout semble fait pour rompre les liens entre des gens qu'on a pourtant posés dans un seul et même open space.

Comment se passe une embauche avec ce type de logiciel ? Avant, on envoyait CV et lettre de motivation en pièce jointe d'un mail adressé directement au DRH, dont on avait, dans le meilleur des cas, le contact direct. Aujourd'hui, il faut remplir un formulaire en ligne dans lequel tout est déjà préformaté. Il est même parfois possible d'importer directement son profil professionnel LinkedIn, ce qui permet d'accélérer encore le pas. Une fois le formulaire validé, on reçoit un message automatique avec son prénom en en-tête, remerciant pour sa candidature. Si cette dernière n'est pas retenue, un second message suit, quelques jours ou quelques semaines plus tard. Si on a la chance d'être convié à un entretien, on reçoit une variante : une invitation, toujours personnalisée, mentionnant une date qu'il faut confirmer en cliquant sur un bouton. Le but de cette automatisation savamment orchestrée ? Récupérer, puis classer la moindre donnée sans avoir recours à l'écriture d'un seul mot. Ne plus avoir à se fendre d'une petite formule de politesse. Les DRH deviennent de simples agents de surveillance et le département des ressources humaines, les archives de l'identité humaine. En un clic, tout est réglé, ils peuvent tranquillement consulter les données derrière leur écran. L'intervention d'une vraie personne sera juste requise pour désigner le meilleur candidat ; le logiciel se charge de tout le reste. Parce que c'est fatigant, à la longue, toutes ces décisions...

De la même manière, les demandes de congés ne se font plus entre quatre yeux. Plus besoin d'aller, tremblant, frapper à la porte des ressources humaines pour affronter un regard culpabilisateur. Il suffit de se connecter à son espace personnel sur BambooHR, où toutes nos données sont renseignées, rappelons-le, de cocher sur son calendrier les différents jours que l'on souhaite prendre et de cliquer sur « envoyer ». On a ensuite le plaisir de recevoir un mot chaleureux de la DRH : « Félicitations ! Nous sommes heureux de vous annoncer que votre demande de congés a bien été acceptée. » Le décompte des jours de congé restants s'actualise en conséquence sur notre profil. Idem pour le congé maladie : tout se fait en ligne, il suffit de joindre un certificat médical scanné ; la procédure achevée, un gentil robot vous souhaite un bon rétablissement. Les jours off sont transparents. Tout le monde sait qui travaille, qui est absent, depuis quand, pourquoi et jusqu'à quand. Rassurez-vous, le secret médical est toléré. Il ne manquerait plus qu'on s'immisce dans notre vie privée.

Un jour, chez Vesta, on me demande de « faire le tri » parmi les dizaines de candidatures « virtuelles » de francophones qui viennent d'atterrir dans le logiciel, quelques jours après la création d'un poste et la mise en ligne d'une annonce. La DRH est débordée et ne parle pas français ; je lui donne donc un coup de main, assez curieuse de passer de « l'autre côté ». Je quitte donc mon costume de « vacuum manager » pour enfiler celui de people manager – même si je n'ai toujours personne à manager. Les candidatures arrivent en flux quasi continu. Une pastille de couleur dans la boîte de réception de BambooHR me prévient chaque fois qu'une nouvelle personne souhaite travailler chez nous. Après deux jours à ce rythme, je suggère à la DRH de retirer l'annonce des sites de bourse à l'emploi : j'ai reçu suffisamment de CV intéressants. Cela fera gagner du temps à tout le monde : aux candidats qui seraient tentés de remplir le formulaire et, accessoirement, à moi. Mais elle ignore ma requête, et l'annonce reste en ligne.

Je suis débordée de candidatures. Les lignes du formulaire se déroulent à n'en plus finir devant mes yeux fatigués ; je rentre dans une sorte de cycle perpétuel rempli de noms, d'adresses, de titres de diplômes, de chiffres, de cases cochées et, surtout, de messages désespérés... et désespérants. Presque tous les candidats sont surqualifiés pour le job, qui est très précaire – freelance, mal payé et inintéressant. La majorité d'entre eux sont polyglottes, ont au minimum un master en poche si ce n'est un titre de docteur et plus de cinq ans d'expérience, quinze dans certains cas. Je ne suis pas autorisée à envoyer des messages aux candidats. Je dois me contenter de sélectionner les trois meilleurs et de déplacer leurs données dans une autre section du logiciel pour que la people manager puisse ensuite envoyer l'invitation à un entretien en un clic, lequel entretien se déroulera avec le manager du département concerné, en ma présence.

Le process de la candidature comporte enfin quelques questions essentielles auxquelles il faut répondre en trois lignes maximum (le temps des people managers est précieux). Aux classiques « Pourquoi postules-tu à ce poste ? » et son corollaire « Pourquoi penses-tu être celui/celle qu'il nous faut ? » s'ajoute entre autres « Quelles sont tes prétentions salariales ? » La plupart des candidats restent dans le flou, par politesse ou manque d'assurance. Ceux qui osent inscrire un chiffre le minimisent toujours, de peur de ne pas être retenus s'ils demandent trop. Je les imagine pétrifiés derrière leur écran. Certains arguent qu'ils sont conscients du fait que les startups ne peuvent pas payer beaucoup et assurent qu'ils n'ont « aucun problème avec ça ». Un candidat, très poli, ajoute même : « Tant que j'ai 800 euros pour payer mon loyer et manger, je suis content. »

Maniaque, moi ?

Les nouveaux outils et comportements de management compulsif ne déboulonnent pas que les ressources humaines. Je l'apprends à mes dépens lors d'un échange digne de Kafka avec une startup pour laquelle je travaille en tant que rédactrice indépendante depuis quelques semaines. La fin du mois approchant, je leur demande par mail ce qu'il en est du paiement – autrement dit à qui je dois envoyer ma facture à la fin de ma première mission. Je reçois une réponse très structurée de la quality manager, avec des tirets au début de chaque ligne. L'objet du message : « Process paiement. » Pour être payée, je dois savoir un certain nombre de choses. « *It's very easy* », me rassure-t-elle. Le process consiste à envoyer mon travail par mail à une autre personne dont elle me donne les coordonnées, avec quatre autres en copie dont elle – que je n'ai jamais rencontrée et ne rencontrerai sans doute jamais –, attendre que tout ce petit monde « checke » ce que j'ai fait en prenant bien soin d'envoyer un Google Docs pour que tout reste transparent et consultable par tous, attendre un premier feu vert, relancer s'il ne vient pas, apporter les éventuelles modifications, attendre un deuxième feu vert, puis envoyer ma facture numérotée selon leur nomenclature et accompagnée d'un RIB à l'account manager. C'est seulement après cela que je pourrai espérer recevoir mon paiement sous quarante-cinq jours, soit un mois et demi.

Tout ceci paraît bien compliqué, mais, après tout, si la clarté des règles permet d'être payé en temps et en heure... Sauf que bien souvent, il m'a fallu, pour cette startup comme pour d'autres, réclamer mon dû au bout des quarante-cinq jours, puis attendre de nouveau plusieurs semaines qu'une partie du process soit répétée correctement, parce que quelqu'un avait oublié de checker quelque chose, que mon mail avait atterri dans les spams ou que l'un des maillons de la chaîne était en vacances à Ibiza. Il m'est arrivé d'être payée après plusieurs mois et moult relances, voire quelques échanges téléphoniques musclés qui se soldaient parfois par de plates excuses : « Comprends-nous, nous sommes une jeune startup, pas une multinationale. »

L'entreprise qui m'a initiée aux joies du « process paiement » est spécialisée dans la rédaction, la traduction, la correction et la gestion de contenus pour d'autres sites Internet – et elle n'est pas la seule. Il s'agit en fait d'une véritable mise en abîme, de nombreuses startups sous-traitant la partie rédactionnelle à d'autres, lesquelles font à leur tour appel à des freelances qu'elles ne rencontreront jamais pour rédiger les contenus, puis à d'autres, enfin, pour les corriger. *Very easy.* Par exemple, une startup qui veut vendre des vêtements va, dès la phase qui précède sa mise en ligne (ou plutôt, son *launch*), faire appel à une startup spécialisée dans la création de contenu. Cette dernière va envoyer la mission à un pool de rédacteurs freelance basés dans le monde entier, pas du tout spécialisés dans la mode, payés au mot (et au lance-pierre), sans aucune qualification si ce n'est un petit test d'orthographe. Ils devront écrire le descriptif de chaque chemise à carreaux et de chaque lot de chaussettes.

Division des tâches, taylorisme et délocalisation : le site semble n'avoir aucune idée de ce qu'il vend. Pourtant, l'une des règles majeures à assimiler quand on commence à travailler dans l'e-commerce, c'est que le contenu (textes, images, vidéos...) est tout-puissant. Rappelez-vous, Google, ses algorithmes et ses sanctions qui font peur à tout le monde... La meilleure façon de vendre, de paraître sérieux auprès de ses clients et de ne pas se faire sanctionner par Google parce qu'on pollue le Web est de produire du contenu pertinent et de qualité. Il paraîtrait donc logique que chaque entreprise se charge elle-même de générer son propre contenu, en embauchant des gens responsables et ayant bien assimilé l'identité la marque, plutôt que de sous-traiter cette mission essentielle à une autre entreprise. Ce modèle existe bien entendu pour les services de traduction, où il est même plus ancien. Des plateformes spécialisées dans la traduction (ou « localisation ») envoient les missions confiées par leurs clients à tous les traducteurs de leur base de données maîtrisant la langue concernée, d'un coup, en un seul mail. Il faut donc réagir vite et proposer un tarif attractif. Premier arrivé, premier servi.

Cette obsession de la bonne gestion élève le process au rang de fétiche – une sorte d'idole, un substitut de pouvoir. En s'attachant à satisfaire coûte que coûte ses exigences, on assure une productivité constante, créatrice d'activité et donc de valeur, de revenus et de succès, ce qui permet à terme au manager débordé d'échapper à une sorte d'angoisse du vide. À moins que cela ne lui permette de rester tranquillement bloqué au fameux stade anal freudien ? Car accumuler les tâches, les automatiser et les rationaliser pour qu'elles puissent être effectuées plus rapidement permet de rentabiliser ses journées de travail, de l'attester et de le rendre visible grâce aux diagrammes des managers, et donc de satisfaire à l'impératif de vitesse et du « tout nouveau » dans la startupsphère. Mais cela donne surtout l'impression, jouissive, que tout est bien propre, bien rangé, qu'on n'a rien perdu – qu'il s'agisse de temps, de données ou d'argent. Le stade anal, chez le jeune enfant ou l'adulte préoccupé, implique entre autres l'angoisse de la perte d'une partie de soi. Quand je vois ces managers qui passent un temps fou à retenir la moindre donnée, la moindre trace de leur travail, et qui sont si heureux et fiers de montrer leurs beaux résultats à leur CEO, je me dis qu'après tout, ils ont peut-être juste peur de tout lâcher.

Quand on intègre une startup, on se rend assez vite compte de cette angoisse du vide, de ce besoin de remplissage permanent. Il plane de façon très insidieuse, mais si on y est attentif, on en repère les symptômes chez certains employés, surtout chez ceux qui ont des responsabilités. Les différents comportements décrits ici – celui du CEO de Vesta qui met sa vie en scène sur Instagram en temps réel, de la DRH qui gère ses tâches à travers un logiciel et reçoit plus de candidatures qu'elle ne peut en traiter, de la quality manager qui invente une douzaine d'étapes cryptées au lieu de donner une simple consigne en quelques mots – relèvent tous de cette angoisse, devenue existentielle puisqu'elle recouvre tous les aspects d'une existence qu'elle condamne.

Le court-termisme comme biorythme

Il me faut mille likes avant midi !

Le jeune CEO de The Base fait régulièrement irruption dans l'open space. Seul son bureau n'en fait pas partie. Vaste comme la moitié de la pièce dans laquelle nous nous agglutinons, il en est séparé par une porte qu'il pousse régulièrement, comme un diable sortant de sa boîte, pour nous enjoindre à liker au plus vite son dernier post sur Facebook, ou à le relayer massivement sur nos réseaux personnels. Tout ce qu'il dit ou fait doit être viral. C'est son exigence. Dans ces moments-là, il arrive toujours en courant, crie « vite, vite, vite ! », nous persuade que cela doit absolument être fait dans l'heure pour obtenir un maximum de buzz en un très court laps de temps. « Il me faut mille likes avant midi ! » Non seulement il nous dérange en plein travail, nous force à mélanger vie privée et vie professionnelle, mais il ne se pose même pas la question de savoir si ces agissements simultanés et massifs sur les réseaux sociaux risquent de passer pour du spam. Au final, la plupart des employés obtempèrent. S'il voit que quelqu'un n'écoute pas, il se presse vers lui, pose ses coudes sur le bureau à côté de son laptop et exige qu'il le fasse sous ses yeux, prêt à s'emparer du clavier si ça ne va pas assez vite pour lui. « Go, go, go ! » Dans ces moments-là, on se croirait en pleine description de l'hystérie par Charcot. Pris d'agitation improductive, il ramène frénétiquement ses mèches de cheveux derrière ses oreilles toutes les dix secondes. On peut d'ailleurs mesurer son degré d'excitation grâce à la fréquence de ce tic. En ce qui me concerne, comme je ne suis pas sur Facebook, il m'ignore, n'ayant pas grand-chose à tirer de moi. Heureusement, il n'est pas encore obligatoire d'être sur le réseau social pour travailler.

Cette course aux likes est une belle parabole du court-termisme qui règne dans une startup, où l'apprentissage de la frustration semble impossible. Je me demande parfois ce que tous ces gens vont devenir quand ils seront adultes... The Base était toujours en phase de prélancement *(stealth mode)* lorsque j'y travaillais : l'adrénaline et l'impatience y étaient donc encore plus palpables. Une heure seulement après avoir envoyé ma candidature par mail, j'ai reçu une réponse du deuxième CEO en personne. Il venait de rentrer à Berlin après avoir monté un business en Chine. Il m'a proposé un entretien via Skype le lendemain, ce à quoi j'ai répondu que je pouvais me déplacer, car j'habitais le quartier. Il m'a stoppée net. « Non, pas le temps. Par

Skype c'est plus rapide. » L'entretien aurait eu la même durée : il aurait pu y mettre fin en m'invitant à partir de la même manière qu'il pouvait interrompre la communication Skype. Mais ma présence n'avait pas de valeur. Tant qu'il le pouvait, c'est-à-dire tant que je n'étais pas effectivement dans leurs bureaux, il me traitait comme une chose virtuelle parmi d'autres. La virtualité, pense-t-il, est moins chronophage que la réalité.

J'avais donc fini par passer l'entretien sur Skype pour « rencontrer » mes deux futurs patrons. Au menu des réjouissances : quelques plaisanteries, compliments sur mon CV et ma façon de m'exprimer dans des langues étrangères, non sans quelques clichés – « Ah, vous les Françaises, vous êtes si élégantes, votre accent est si mignon » – et quelques promesses – « C'est super, on va avoir quelqu'un qui connaît Paris dans notre équipe, on pourra t'envoyer en mission là-bas, tu seras notre représentante spéciale ». L'un d'eux ayant brièvement dû interrompre l'entretien pour aller se chercher un verre d'eau, nous avions ensuite disserté sur la grammaire française. Il m'avait en effet demandé de lui apprendre à dire correctement : « Je vais chercher de l'eau. » Au final, la discussion avait été expédiée en moins de vingt minutes. Sur le papier, il s'agissait d'un poste « à responsabilités »...

Au bureau, les deux CEO communiquent avec nous par mail, par Skype ou via le chat de Gmail. Certaines conversations sont très brèves et attendent uniquement un « oui » ou un « non » en retour. Mais d'autres se poursuivent parfois une heure entière, en pointillé. Pourtant, nous sommes au même étage, éloignés tout au plus d'une dizaine de mètres les uns des autres. Les ondes du wifi sont probablement plus rapides... Lorsqu'on ne répond pas du tac au tac à une demande sur Skype, on nous ordonne d'aller plus vite, d'être encore plus « multitâche ». Dans la majorité des cas, une vraie discussion en face à face ferait pourtant gagner beaucoup de temps à tout le monde. Être interrompu en permanence dans son travail par des messages qui surgissent de nulle part nuit à la concentration et est extrêmement fatigant pour le cerveau. Enfin, quand il nous en reste un.

L'une des définitions de la startup pourrait être la suivante : il s'agit d'une jeune entreprise dotée d'un fort potentiel, mais qui n'exerce pas encore d'activité rentable. L'objectif, dès le début, est donc la croissance rapide. Très rapide. *« From zero to hero »* est un slogan qui revient souvent. Dans l'économie numérique, les premières échéances arrivent vite. Les différentes phases de création d'une startup s'enchaînent rapidement, en quelques mois seulement, ce qui implique une succession de décisions prises en toute hâte. Les employés, qui ne sont généralement pas informés du menu détail des ambitions de la direction, sont avant tout confrontés à ce court-termisme et en font les frais ; les CEO qui tapent du poing sur la table pour avoir ce qu'ils veulent ne se soucient guère du bien-être au travail et de la pérennité de l'emploi de leurs petites mains anonymes. D'aucuns diront d'ailleurs, résignés, que la stabilité à long terme est aujourd'hui un leurre, que c'est la faute à l'époque, aux nouvelles technologies qui évoluent à toute vitesse, et qu'il faut bien jongler avec si l'on ne veut pas rester sur le carreau. Mais ce n'est pas tant la peur de la faillite qui pousse le CEO au court-termisme qu'une certaine immaturité couplée à la volonté de grossir le plus vite possible pour atteindre, un jour peut-être, le Graal : l'IPO[31], soit l'introduction de la startup en Bourse.

Pas le temps pour une période d'essai

Berlin, printemps 2014. Le nez collé à la vitre, je regarde un avion d'Air France qui vient de décoller, au loin, de l'aéroport de Tegel. Le ciel est gris, mais la vue est impressionnante. Je suis dans le bureau, encore vide, du CEO d'une jeune startup, au dernier étage d'une tour passablement laide. La moquette sent le neuf, les meubles sont encore enveloppés dans du plastique. Je viens de passer un entretien d'embauche. Encore un. Le CEO est parti chercher sa carte de visite dans une autre pièce, il me reste quelques secondes pour admirer le panorama. Je suis là, mais mon esprit vagabonde. Vaccinée par mes précédentes expériences, je n'ai désormais plus aucune attente. Ce sera

31. Initial Public Offering.

probablement une startup comme les autres... D'un coup, l'avion franchit le mur de nuages et disparaît.

Quelques heures plus tard, je reçois un message de la directrice des ressources humaines, qui doit avoir vingt-trois ans à peine. Je suis surprise par sa rapidité. D'habitude, il faut attendre une bonne semaine après l'entretien pour avoir une réponse. Elle m'explique qu'ils ont déjà vu d'autres postulants, n'ont plus d'entretiens prévus et que je leur ai plu. Suis-je libre pour commencer cinq jours plus tard ? Je réponds aussitôt par l'affirmative et la prie de me parler du contrat de travail et des conditions financières, car cela n'a pas été abordé lors de l'entretien. Notre conversation par mail se transforme en véritable chat. Elle me rassure sur le fait qu'il s'agit d'une *vraie* embauche, c'est-à-dire qu'ils ne cherchent pas de freelance, sans toutefois préciser la durée du contrat, puis ajoute qu'il y a une période d'essai très courte, d'une semaine seulement.

Comprenant que je ne vais pas signer ce contrat aux contours encore flous dès le lendemain, je lui demande de préciser de quelle façon seront organisés mes premiers jours chez eux : est-ce que cela signifie que cette période d'essai est indépendante de tout contrat, que je vais devoir fournir une facture de freelance pour cette semaine de test avant de signer plus tard le vrai contrat ? Pour me soulager de ces lourdeurs administratives, elle me répond sur un ton rassurant et amical : « Cette semaine est une période d'essai. Ne t'inquiète pas, si tu es embauchée après, elle sera comptée. »

J'en déduis donc que la période d'essai peut ne pas être payée. Le bénéfice est évident : l'entreprise peut évaluer un employé plus longtemps que lors d'un entretien d'embauche ou d'un simple test. Au mieux, elle est sûre que c'est la personne qu'il lui faut, puisqu'elle aura été vue à l'œuvre pendant une semaine de travail – sans doute intense puisque sous pression. Au pire, elle aura gagné quelques jours de main-d'œuvre gratuite pour avancer sur un projet sans perdre de temps avec de la paperasse administrative. Une arme parmi d'autres pour aller vite dans cette guerre contre le temps, perdue d'avance...

Sauf que travailler quelques jours sans être payé sous prétexte qu'il s'agit d'une période d'essai, c'est juste une nouvelle forme d'esclavage. Si je l'ai refusé, d'autres l'ont accepté et l'accepteront encore. C'est, une nouvelle fois, une belle façon de jouer sur les mots : c'est vrai, après tout, un « essai » n'engage à rien. Quand on essaie une chemise, on ne l'a pas encore achetée. Et dans le monde des startups, un employé ne vaut manifestement guère plus qu'une chemise.

Le grand méchant serial entrepreneur

Le jeune CEO de The Base, qui nous ordonnait de liker au plus vite sa nouvelle boîte sur Facebook, n'en était pas à sa première entreprise, mais à sa quatrième. Il trônait également à la tête d'un énorme incubateur de startups. Sorti de Harvard, il était déjà, du haut de ses vingt-sept ans et de son titre de docteur, considéré comme un modèle de succès parmi les entrepreneurs de Berlin – la Silicon Allee. Sa notoriété, qui dépasse les frontières, suscite bien des convoitises. Toute la startupsphère l'acclame. Il est également devenu une star grâce à un *braggie*[32] devenu viral sur YouTube : une vidéo postée sur WhatsApp en 2014 dans laquelle il met en scène, fier et fat, l'opulence outrancière de son niveau de vie de nanti. Apparaissant tantôt sur un yacht quelque part sur une mer d'huile, tantôt sur un jet-ski dans une baie des Émirats, cheveux au vent et lunettes d'aviateur sur le nez, il crie sa joie de vivre à pleines dents, qu'il a toujours fort blanches, et répète à chaque fois le même petit refrain bête et méchant qui signifie ni plus ni moins : « Je doute que ce soit aussi bien chez vous en cet instant précis, pauvres ploucs. »

Dans la startupsphère, on entend souvent parler de « serial entrepreneur » : un chef d'entreprise qui en crée sans cesse de nouvelles. C'est une figure du héros bien répandue. À l'inverse de l'entrepreneur classique qui démarre sa boîte après avoir concrétisé une idée et qui y joue un rôle au quotidien, un serial entrepreneur développe des idées, met des startups sur pied, mais délègue ensuite les responsabilités pour passer à son prochain

32. De l'anglais *to brag* (frimer). Un braggie est un post égocentrique et vaniteux sur les réseaux sociaux.

coup. On peut l'admirer pour son dynamisme, sa créativité ou même son culot... Mais il est souvent perçu par les autres entrepreneurs comme quelqu'un d'irresponsable qui crée des situations chaotiques. Comme le serial killer, il réitère sans attendre trop longtemps. Ce n'est pas sa faute, c'est compulsif. Il ne peut s'empêcher d'être un génie. Alors il passe et repasse à l'acte, répète le même crime en différents endroits jusqu'à atteindre la perfection. Changer le monde, une vraie addiction !

La figure encensée du geek timide caché sous son hoodie, qui a une idée de génie et monte sa boîte seul dans son garage miteux, semble bien loin. Elle n'est plus si sexy. Bien sûr, il convient toujours de l'incarner un minimum dans la culture startup. Mais jusqu'à quel point ? Aujourd'hui, nous sommes nombreux à nous autoproclamer « geek ». Or cela n'implique pas de concevoir des logiciels complexes, mais d'être addict à Facebook, de changer de smartphone tous les ans et de tenir un blog. La figure sympathique du geek a muté pour devenir plus corporate. En d'autres termes, le conte de fées du geek s'est fait engloutir par le grand méchant loup de Wall Street. Il suffit de regarder les entrepreneurs les plus influents en France, en tout cas ceux qui connaissent un succès fulgurant : ils ressemblent davantage à de jeunes diplômés d'école de commerce des quartiers aisés de Paris (les noms à particule ne sont pas rares) qu'au *guy next door* derrière lequel se cache un informaticien-matheux méritocrate.

Le fantasme du grand méchant entrepreneur? Devenir une licorne, et le plus vite possible. Une licorne désigne une startup valorisée à plus d'un milliard de dollars. On en compte un peu plus de cent quarante dans le monde aujourd'hui, en plus des GAFA. C'est une investisseuse américaine, Aileen Lee, qui a eu un jour l'idée de leur donner ce petit nom pour les distinguer des autres. Mieux que le dahu ou le mouton à cinq pattes, la licorne, animal officiellement mythologique, mais dont l'existence suscite encore bien des doutes, est à la fois beau, précieux et puissant, voire dangereux. Il fascine. Elle lui a donc semblé être la parfaite allégorie pour désigner ce type d'entreprises. En quelques jours seulement, le monde entier s'est emparé de l'expression. Depuis l'Antiquité, on prête des pouvoirs étranges à la licorne. Aujourd'hui, elle galope à travers l'univers de l'heroic fantasy et autres cultures chères aux geeks. L'imaginaire symbolique et le pouvoir de l'argent réunis en un bel animal blanc, orné d'une corne phallique? Freud se serait frotté les mains.

Plus online, tu meurs

La directrice des réseaux sociaux (social media director) de Vesta est le support vivant de l'identité de l'entreprise. Le concept de l'homme-sandwich version 2.0. Non seulement elle gère, alimente et anime les fils Facebook, Twitter et Instagram de la startup comme une magicienne, mais elle élève cette tâche à une dimension supérieure. Complètement imprégnée du discours de l'entreprise sur la marque qu'ils promeuvent, censée « conquérir le monde », elle prodigue implicitement des conseils de style touchant tous les aspects de la vie de l'entreprise : identité visuelle, utilisation de certains mots plutôt que d'autres, choix de vêtements (elle s'habille d'ailleurs toujours dans les tons de l'entreprise), etc., le moindre détail du domaine du visible, la moindre apparition passe par son prisme. D'ailleurs, il n'y a plus la boîte d'un côté et elle de l'autre, les deux forment un tout indivisible. Suivie par quarante mille personnes sur Instagram, elle poste régulièrement non seulement des photos des nouveaux produits mis en scène par ses soins, mais aussi des selfies avec son petit chien dans son appartement très coquet et des photos des délicieux mets qu'elle a chaque midi dans son assiette… Elle aime choisir les lieux pour les pots de team bonding – toujours chics et confidentiels. Ce rôle de personnification la met au premier plan en permanence, ce qui exclut évidemment qu'elle soit offline ne serait-ce qu'une journée. Elle prend des congés comme tout le monde, et son activité sur les réseaux sociaux peut légèrement diminuer lorsqu'elle est en voyage, mais chaque minute de sa vie est savamment optimisée pour répondre au diktat de l'immédiateté. Il faut non seulement qu'elle reste disponible en permanence pour l'entreprise, mais aussi qu'elle l'incarne en permanence, qu'elle continue à faire corps avec elle.

Dans ce contexte d'hyperactivité et d'instantanéité sans relâche, difficile donc d'être offline. Dans toutes les startups où j'ai travaillé, mes collègues travaillaient avec leurs pages Facebook, Twitter et Instagram ouvertes en permanence ; ils actualisaient tout en temps réel et suivaient bien entendu les comptes de l'entreprise pour liker la moindre nouvelle. La peur de passer à côté d'une actu brûlante, le FOMO[33], et son pendant, celle d'être déconnecté d'Internet, le FOBO[34], soit les deux nouvelles plaies du siècle, n'ont aucune chance de s'abattre sur le startupper : l'interdiction sous-jacente d'être offline induite par la philosophie de l'entreprise l'immunise en amont.

Même quand on n'est pas social media director, les comptes personnels sur les réseaux sociaux permettent d'afficher avec fierté qu'on travaille pour une startup qu'on adore. Les photos, vidéos et anecdotes de la vie de bureau y côtoient le plus naturellement du monde celles des vacances – parce que leurs bonheurs se valent. C'est un tout qui constitue l'individu, et c'est cette complétude qu'il va mettre en valeur. Une image, ça se soigne. Et pour ça, il faut la partager sans attendre. Priver les autres de ce qu'on a à montrer de soi, ce serait bien égoïste.

33. *Fear of Missing Out.*
34. *Fear of Being Offline.*

Régresser sans complexe

Toujours branleur, déjà manager

La moyenne d'âge dépasse rarement trente ans et cela fait l'objet d'une vraie fierté. Devenir ce que l'on appelait, dans le vieux monde, « adulte » n'est pas valorisé, loin de là. C'est *uncool*. Jeunes, beaux, conquérants, les employés des startups appartiennent aux générations Y, ou X à la rigueur, et sont convaincus qu'ils ne seront jamais vieux. Les anniversaires sont toujours célébrés. Le département des ressources humaines tient un calendrier dans lequel les dates de naissance de chacun sont consignées avec soin. À l'approche du jour J, on prépare donc une surprise : généralement, le responsable des ressources humaines s'occupe de commander discrètement un gâteau et de réunir tout le monde pour une petite cérémonie. C'est ainsi que chez Vesta, le jour de mon anniversaire, qui tombait par hasard une semaine après mon arrivée, je vois tout le monde converger vers moi : une quarantaine de personnes regroupées autour de la DRH brandissant fièrement un gâteau au chocolat décongelé très coquet et orné de vingt-sept bougies. Ils chantent *Happy Birthday to you* quatre fois avec le sourire, je souffle les bougies, ils applaudissent, puis je dois improviser un discours de remerciement, trouver un petit aphorisme sur le temps qui passe et faire une blague pour me sortir rapidement de là. Dix minutes plus tard, tout le monde est retourné à son bureau avec une minuscule part de gâteau et le silence règne de nouveau. La DRH me remet également une enveloppe contenant un bon cadeau de 20 euros – généreusement offert par la startup – que je peux dépenser dans l'une des quinze grandes enseignes de la liste, sans oublier de préciser que je peux bien entendu commander en ligne et me faire livrer au bureau si ça peut me faire gagner du temps.

Notre CEO aux selfies a lui aussi prévu de fêter son anniversaire. Lors d'un discours, il annonce que le grand jour approchant, il va tous nous inviter à une grande fête dans son loft. Il ne lui reste plus qu'à trouver le meilleur DJ de la ville, réserver un traiteur de luxe et il pourra lancer officiellement l'invitation. La perspective de cette fête excite beaucoup de monde dans l'open space. L'un de mes collègues m'en parle chaque fois que je le croise à la cuisine, trop excité, presque fébrile : « Vivement sa fête, j'ai trop hâte de voir comment c'est chez lui ! Ça doit être trop beau ! C'est tellement généreux de sa part ! » Au final, la fête de Gatsby le Magnifique n'aura jamais lieu et personne n'en reparlera plus.

Les anniversaires doivent toujours être quelque chose de très joyeux. Même si les célébrations ne sont pas franchement personnalisées et qu'on serait en droit de douter de la sincérité de l'enthousiasme, elles sont un passage obligé, qu'on le veuille ou non. Quand l'anniversaire tombe un week-end, on y a droit le lundi. On est en congé ? C'est reporté de quelques jours. Après plusieurs mois passés dans la boîte et de nombreuses parts de gâteau surgelé avalées ou poliment refusées, je me suis rendu compte que nous étions nombreux à ne plus vouloir goûter aux plaisirs de la fête et que le nombre de bougies dépassait rarement trente-sept. On ne vieillit pas dans une startup. J'y ai rarement vu des « seniors ». Quand il y en a, il ne s'agit que du titre. On doit être jeune, et le rester. La carrière peut avancer, pas les années.

Un jour, dépassé par son obsession de la transparence et de la mise en scène, le CEO de Vesta a par mégarde rendu public son calendrier Google, notamment les entrées concernant sa vie privée. Nous sommes plusieurs à tomber dessus par hasard, en cliquant tout simplement sur un lien pour consulter un autre calendrier ou des documents Google partagés. Ce que nous y découvrons fait rapidement le tour de l'open space et génère des discussions croustillantes lors de la pause déjeuner : « Hé, tu sais pas quoi ? Le boss, il se fait injecter du Botox dans les rides ! » En plus de fréquenter assidûment un club de fitness de première classe, notre patron, âgé de quarante et un ans seulement, a régulièrement rendez-vous dans une prestigieuse clinique esthétique de la ville, et ces rendez-vous sont soigneusement consignés dans son calendrier Google, devenu transparent... par accident. Simple oubli ou acte manqué ? Il faudrait mener une vie de star pour le savoir.

J'ai été embauchée chez Vesta en CDD pour une durée de six mois. À la lecture du contrat qui allait me donner le grade de content manager, une anomalie m'avait sauté aux yeux. Il était écrit que la période d'essai était également de six mois, soit la même durée que le contrat lui-même. Croyant à une faute de frappe, je m'étais dirigée vers le bureau de la responsable des ressources humaines d'un pas décidé. Elle m'avait ouvert la porte avec un grand sourire, l'air souverain. Elle était en train de reporter des données dans son logiciel de gestion des ressources humaines. Elle devait avoir vingt-trois ans tout au plus. Et déjà une grande expérience de la vie, vu le poste qu'elle occupait. Nous avons échangé quelques banalités d'usage, puis je lui ai rapidement fait part de mon embarras, sans ambages. Elle s'est empressée de me dire que c'était tout à fait légal (en Allemagne) et que nous étions nombreux à avoir signé ce contrat dans la boîte. Devant ma perplexité, elle s'est voulue encore plus rassurante : « Même moi, j'ai ce contrat. Ne t'inquiète pas, il n'y a pas d'erreur ! »

Mis à part celui qui se faisait injecter du Botox, tous les CEO que j'ai connus étaient à peine trentenaires. Comme je doute qu'ils aient commencé à travailler à l'âge de seize ans, ils cumulaient donc moins de dix ans d'expérience professionnelle. Certains avaient même créé leur boîte pendant leurs études. Ils n'avaient donc jamais connu la condition de salarié avant de se lancer, mis à part peut-être lors d'un ou deux stages. Le signe d'une grande force, selon eux : ils n'avaient pas grillé des étapes essentielles, ils étaient tout simplement allés droit au but, là où ils devaient être sans perdre de temps. *From zero to hero.* Pourtant, Taylor lui-même fut ouvrier en son temps.

Work hard, play hard !

Qu'on se le dise : même si on travaille sans en avoir l'air, on travaille dur. Et quand on bosse dur, on a le droit de s'éclater. Après l'effort, le réconfort. Il est fréquent de trouver dans les offres d'emploi – vitrine par excellence de l'idéologie des startups – des avantages en nature qui se rapportent à l'univers du jeu, que ce soit le sport ou les jeux vidéo. « Une PlayStation 4 à dispo ;) », « ambiance ping-pong », « un flipper vintage », « des tournois de baby-foot », « des camarades de jeu motivés »... Comme elles s'adressent à une génération bien ciblée, les références aux jeux en vogue il y a vingt ans sont largement utilisées. Une fois dans l'open space, ces espaces de jeu occupent souvent une place centrale, visible dès l'entrée. Tous les employés en sont très fiers.

Chez Vesta, des activités sont organisées une fois par mois pour motiver les troupes et souder le groupe. Elles sont toujours ludiques : on nous donne l'occasion de nous amuser comme des gosses heureux – que nous sommes. Un jour, nous sommes tous invités à jouer au minigolf, un minigolf un peu spécial puisque plongé dans le noir, éclairé avec de la peinture phosphorescente et pourvu d'un bar. Il faut s'inscrire en ligne sur un document partagé. La DRH s'occupera de constituer des équipes, de préparer un lot pour les gagnants et un buffet dînatoire... J'ai autre chose de prévu ce soir-là. Le lendemain, je vois tout de même passer un mail avec l'inévitable questionnaire qui invite à noter l'événement avec des petites étoiles et à partager notre expérience avec tous nos petits camarades.

Une autre fois, le CEO a l'idée de tous nous inviter à dîner dans un marché couvert, un endroit qu'il croit nouveau parce qu'il vient de le découvrir lors d'un apéro d'affaires. En réalité, c'est un marché populaire très ancien que les bobos du coin se sont approprié, car il est désormais ouvert le soir. Nous recevons donc un mail collectif nous enjoignant de nous inscrire. Comme il est impossible de privatiser le lieu, le CEO a eu la généreuse idée de distribuer 15 euros en liquide à chacun pour simplifier la tâche de la comptable. Dans le mail, il est précisé qu'avant de pouvoir nous acheter à manger et de nous installer aux différentes tables que comptent les allées du marché, nous devons passer une petite épreuve amusante. Une fois les inscriptions terminées, nous allons être regroupés en équipes de sept, et un chef va être désigné pour chacune d'entre elles afin de partir en mission secrète. Nous ne serons briefés qu'une fois sur place, mais il s'agit en gros de trouver un ingrédient ou un objet bien précis et de le rapporter à la table du CEO et de ses associés comme un chien rapporte la balle à son maître. Bien entendu, une récompense attend l'équipe la plus rapide. La difficulté, c'est de se retrouver dans ce marché bondé, d'arriver à circuler rapidement entre les différents étals devant lesquels des gens font la queue, le lieu étant à la fois populaire et très prisé des touristes et hipsters gourmets. Pour habiter à proximité et y être déjà allée plusieurs fois, je peux très bien visualiser la scène : une cinquantaine d'adolescents attardés, bruyants et probablement éméchés, courant dans tous les sens, doublant des files d'attente, dérangeant les maraîchers et leurs clients exténués par une journée de travail et venus chercher un moment de détente… Mes collègues et notre petit jeu risquent de me faire honte – peut-être même devant des gens que je connais, d'ailleurs. Je décide de ne pas participer à cette chasse au trésor. Tant pis pour moi.

Dans un cadre de travail qui ne doit surtout pas avoir l'air d'en être un, il convient d'apporter une bonne dose de ludique et de fun. Les références aux jeux vidéo, au sport ou aux séries populaires sont utilisées comme si tout le monde était concerné. La « gamification » désigne le transfert des ressorts liés au jeu, et notamment aux jeux vidéo, à d'autres domaines dans le but d'y apporter une dimension ludique. C'est une démarche très valorisée par les startups, qui ont depuis longtemps compris qu'il leur fallait gamifier sites, applications et environnements de travail, que ce soit pour leurs utilisateurs ou leurs propres employés. Les logiciels de ressources humaines tels que BambooHR ou 7Geese se plient également à ce principe. On a plus l'impression de jouer à un jeu vidéo avec un système de points et du suspens, le tout orchestré dans une interface Bisounours aux couleurs acidulées et au design fluide, que de gérer des évolutions de carrières et des retours de congés maladie.

:)))

Certains collègues s'expriment comme des enfants et ne peuvent s'empêcher de dessiner des smileys partout. L'office manager de Vesta signe chaque mot d'un petit cœur, convaincue que cela participe à la bonne humeur dans l'open space. Dès qu'elle doit laisser une note sur le bureau de quelqu'un pour qu'il signe un papier, transmette un message avec un minimum de sympathie ou de politesse, elle dessine un petit cœur à côté de son nom ou des remerciements. Lorsque j'ai reçu mon gâteau d'anniversaire, elle avait noté « Servez-vous ! <3 » sur un Post-it collé au bord du plat à gâteau à la cuisine. Quand j'entre dans l'open space le matin, ce n'est plus un visage que je vois, mais un cœur rose géant avec de grands yeux et une bouche qui ne demandent qu'une chose : répandre la gentillesse dans le monde. Si ses petits dessins étaient venus à manquer un jour, je serais allée la voir tout de suite pour lui demander ce qui n'allait pas, si elle n'était pas en train de nous faire une dépression.

Le smiley est omniprésent, qu'il soit dessiné à la main sur un Post-it – « Il reste du gâteau dans le frigo ;) », « Merci de ne pas débrancher ce câble ;) », « Est-ce que tu pourras venir me voir après ta pause dej ? ;) », – qu'il ponctue chaque échange sur Skype ou le chat de Gmail, qu'il s'incruste dans la moindre conversation par mail, ou peuple le site de l'entreprise ou ses comptes sur les réseaux sociaux. Les gifs animés circulent massivement dans les communications internes entre les employés, et il y a toujours quelqu'un pour balancer un lolcat au bon moment dans une réunion ou une conversation par chat devenue un peu trop sérieuse.

Le smiley étant devenu un standard pour exprimer ses émotions ou même ses intentions, une communication qui n'en comporte pas paraît immanquablement froide comme une porte de prison. À vrai dire, les émoticônes remplacent les mots. Recevoir sur Skype « Tu peux venir me voir dans mon bureau quand tu auras deux minutes ? :) » n'a pas le même impact que « Tu peux venir me voir dans mon bureau quand tu auras deux minutes, s'il te plaît ? » J'en ai fait plusieurs fois l'expérience. Lorsque je demandais quelque chose à un collègue sans ponctuer ma phrase avec une émoticône rigolote, on s'empressait de vérifier que j'allais bien.

Les quelques employées enceintes qui partent en congé maternité n'échappent pas à la « baby shower », une tradition héritée des États-Unis qui a pour but de couvrir la future maman d'amour et donc de cadeaux – si possible mièvres, roses ou bleus selon le sexe – dans une atmosphère fun. Comme les fêtes d'anniversaire, les baby showers sont mises en scène par les ressources humaines, comprennent un gâteau et ne durent au final qu'un petit quart d'heure, le temps de laisser l'employée ouvrir ses cadeaux devant tout le monde et de raconter combien ses collègues et l'entreprise vont lui manquer les prochains mois (ils sont sa vraie famille, et elle risque bien de s'ennuyer sans eux). Enfin... si elle retrouve son poste après la naissance de son enfant.

Le bore-out, stade terminal de la régression

Chez Vesta, j'ai passé près de six mois à écrire continuellement les mêmes rubriques. J'étais devenue un perroquet qui ne répétait plus qu'une poignée de mots commerciaux. Avec l'usure, je suis même devenue aphone. Pour me remplumer, j'ai maintes fois quémandé de nouveaux types de textes à écrire, plus de missions, plus de responsabilités. J'ai pris de nombreuses initiatives auprès des managers des autres départements et des ressources humaines, en vain. Leurs réponses étaient toujours les mêmes : on me disait que mes idées étaient intéressantes, « super excitantes » même, que ça allait changer plein de choses et qu'ils allaient y réfléchir sérieusement. Ensuite, j'attendais. Des jours, puis des semaines entières passaient. Je les relançais, proposais une réunion, un plan d'attaque, mais de l'autre côté, on continuait à noyer le poisson : on n'avait pas le temps de s'en occuper tout de suite, il me fallait attendre encore, ce n'était pas une priorité, on verrait plus tard, ou alors le boss n'était pas très chaud, il était en train de gérer un deal super important, n'avait pas le temps de s'occuper de mes histoires. J'ai dû renoncer à toutes mes idées sans recevoir d'explications. Au bout du compte, toutes les perspectives d'évolution de mon poste se sont réduites comme une peau de chagrin.

Après un ultime entretien avec la DRH au cours duquel je lui fais part avec diplomatie de mon terrible ennui intellectuel, de mon « bore-out » pour le nommer, je décide de démissionner. Je prends rendez-vous avec elle l'après-midi même. Lorsqu'elle me voit entrer dans son bureau de verre au fond de l'open space, une enveloppe à la main, elle sursaute : « Oh non ! Toi aussi ? Pitié, dis-moi que ce n'est pas vrai ! » La boîte fait en effet face à une vague de démissions pour des raisons similaires. Rien que ce mois-ci, nous

+ comment casser la créativité des collaborateurs...

sommes six à lui remettre cette enveloppe si terrifiante. Je lui explique les raisons de mon départ, glissant au passage que ce n'est probablement pas un scoop pour elle. Je m'ennuie terriblement, au point de me sentir régresser. Je le lui ai déjà dit. Je suis persuadée que ce que j'ai été amenée à faire, en tant que content manager, j'aurais pu le faire il y a des années déjà, avant de finir mes études en tant que stagiaire. Et encore, je suis polie. En fin de compte, la boîte m'a promis des responsabilités et de l'autonomie, mais comme le moindre de mes résultats est fliqué, que tout fait l'objet d'un process et qu'il existe bel et bien une hiérarchie pyramidale dans l'entreprise, cette promesse n'est que du vent. Diplomate, je lui explique calmement que mes aspirations me portent vers autre chose à présent, que ce travail n'est tout simplement pas fait pour moi. En clair, il est temps pour moi de partir.

Tout d'abord, elle ne sait pas quoi me dire. Elle affiche une expression préoccupée, fronçant ses sourcils blonds, et continue à me sourire. Puis, d'un coup, comme prise d'un sursaut, elle se met à la recherche de mon CV dans son ordinateur et l'affiche sur son écran pour se remémorer qui je suis. Tandis qu'elle lit à voix haute à un rythme saccadé le résumé de mes différentes expériences et formations, je comprends qu'elle ne l'a en fait jamais consulté. Elle découvre qui je suis le jour de ma démission. Pourtant, un certain nombre de données me concernant étaient stockées dans son logiciel BambooHR... Après une minute de lecture en mode accéléré, c'est avec un soupir compatissant qu'elle m'avoue qu'en effet, je suis surqualifiée pour le job et l'ennui que je ressens est tout à fait légitime. J'ai l'impression d'être chez un médecin qui m'annonce le diagnostic censé me rassurer : « Votre fatigue est due à un virus, madame, vous n'êtes pas déprimée. » Je n'y suis donc pour rien, ça ne vient pas de moi. Sans se justifier ni s'excuser, en son nom ou celui de l'entreprise, elle finit par prendre ma lettre et me rappelle, l'air désolé, que je dois quand même faire mon préavis.

J'ai vécu le bore-out comme une conséquence directe du sentiment de régression au travail. D'une part, je ne progressais pas d'un iota et m'ennuyais depuis des mois, me rendant compte qu'il serait impossible d'évoluer. D'autre part, l'ambiance infantilisante qui régnait en permanence dans l'open space avait fini par me lasser, voire sérieusement m'irriter. Un ennui profond s'était installé, puis un sentiment de médiocrité partagé, d'où découlait certains jours une vraie tristesse.

Stagner dans un bac à sable ne peut pas être satisfaisant à long terme. Dans la chaîne hiérarchique, en dessous des managers qui veulent tout gérer, ne rien lâcher parce qu'ils ont du mal à se dégager du stade anal, il y a toutes les petites mains qu'on pousse à régresser encore au-delà, c'est-à-dire jusqu'au stade oral, le tout premier, celui qui intervient dès la naissance. Ce stade freudien est caractérisé par une dépendance extrême. Le bébé ne sait faire qu'une seule chose : téter le sein de sa mère. Et cette succion est voluptueuse. Toute l'énergie érotique, toute la volonté du petit être est concentrée autour de la zone buccale. Passives, les petites mains de la startup ne sont plus capables que d'ouvrir la bouche et d'absorber sans broncher tout ce qu'on voudra bien leur mettre sous le nez. Surtout, sans réfléchir. C'est dur, dur d'être un bébé.

Le « problème féminin universel »

Mais il y a pire qu'être un bébé. Je tombe un jour sur la page de présentation d'une jeune startup française qui développe une plateforme permettant de mettre le contenu de sa penderie en commun avec d'autres afin de louer/échanger ses vêtements plutôt que d'en acheter des nouveaux. L'idée est bonne, même si je suis persuadée qu'on n'a pas besoin d'une startup pour échanger des fringues avec ses amis. C'est bien fait, malin et, en plus, l'époque est au recyclage. Ce serait presque parfait si on n'apprenait pas dès la page d'accueil que le classique « Je n'ai rien à me mettre » est en fait « le problème féminin universel ».

Le CEO qui m'avait conseillé de faire carrière en tant qu'hôtesse d'accueil, puisque je n'étais pas prête à « tout donner » pour 500 euros par mois, avait lui aussi trouvé l'origine du « problème féminin universel » : selon sa conception, le manque d'ambition. Finalement, qu'on se rassure, le vieux monde des boîtes à papa n'est pas si loin.

Quelques clics plus loin, je remarque une startup qui développe un système permettant aux couples qui s'aiment de rester connectés à distance. Pour expliquer le concept, les deux fondateurs ont mis une vidéo en ligne. On y voit un couple d'amoureux, la vingtaine, qui se dit au revoir sur le quai d'une gare. Une petite musique mélancolique accompagne leurs adieux. Naturellement, c'est la femme qui reste, agitant la main et envoyant des baisers dans les airs, et l'homme qui part pour des contrées lointaines. Une fois notre aventurier arrivé à destination et installé dans son canapé Conforama, il envoie un message à sa bien-aimée via l'application révolutionnaire, l'invitant à utiliser la fameuse boîte connectée mise au point par la startup. Il a donc l'application sur son mobile, et elle la boîte à disposition sur sa table basse, puisqu'on part du principe qu'elle ne sort pas de chez elle. Elle peut y lire le message envoyé sans se lever de son fauteuil : il s'affiche en lettres digitales à l'intérieur du petit couvercle en bois décoré par des petits cœurs roses. Évidemment ponctués d'un cœur <3, les mots de son compagnon l'invitent à soulever un autre objet dans la maison. Une vraie chasse au trésor ! Parce qu'il utilise plusieurs modes de communication, dont la ravissante boîte, le jeu de cache-cache est sans doute plus excitant qu'un simple SMS ou, plus désuet encore, qu'un mot doux laissé sur la table avant de partir. Le cœur battant, elle finit par soulever ledit objet décoratif, qui n'était pas bien loin, et découvre sa belle surprise : une bague ornée d'un cœur en or, pour des fiançailles sans doute. Frétillante de bonheur, elle s'empresse de la mettre à son doigt et peut ainsi poursuivre sa soirée à la maison, telle Pénélope attendant son Ulysse.

Certains propos et agissements sexistes sont bien ancrés dans la startupsphère. L'esprit révolutionnaire dont elle se targue n'a pas encore digéré les avancées féministes des dernières décennies, notamment sur la ressemblance et l'égalité des sexes. À la suite d'un article paru dans *Newsweek* dénonçant de nombreux cas de harcèlement et de tensions dans la Silicon Valley, une enquête a révélé que les sociétés du secteur numérique en France ne comprenaient que 27 % de femmes. Pas une seule startup parmi celles que j'ai fréquentées (une bonne quinzaine) ne comptait de femmes au sein de la direction. En France, seulement 9 % des CEO des startups sont des femmes[35]. À Berlin, ville pourtant réputée progressiste et féministe, elles gagnent toujours 20 % de moins en moyenne que les hommes[36].

Des propos sexistes qui trahissent ouvertement une prétendue infériorité du sexe féminin, des clichés persistants sur le genre, des idées commerciales qui surfent sur une image surannée du couple, de ses habitudes ou de la répartition des rôles, une proportion ridicule de

35. 1001startups.fr

36. Jonas Rest, « Wie viel Geld Mitarbeiter in Berliner Start-ups verdienen », *Berliner Zeitung*, 2 juillet 2015.

femmes parmi les CEO de startups... Ça commence à faire beaucoup. Mais ne vous inquiétez pas, la révolution est en marche.

Le contrôle par l'estomac

Tu peux travailler tranquille, on prend soin de toi

Chez The Base, où j'officie en tant que country manager, il est précisé aux employés que l'eau « fraîche », c'est-à-dire l'eau du robinet à la cuisine, est « gratuite ». De plus, des fruits frais sont livrés par caisses entières deux fois par semaine par une autre startup spécialisée dans la livraison. Les pommes et les oranges apportent les vitamines nécessaires à une journée de travail pour la vingtaine d'employés que nous sommes : c'est la caution santé qui vient contrebalancer les dix heures quotidiennes passées les fesses vissées sur une chaise inconfortable devant un écran mal réglé. Pour soigner notre ligne, on nous offre un abonnement à un club de sport du quartier. Pour la machine à expresso en revanche, il faut se cotiser, glisser des pièces dans une petite boîte sur le bureau de la DRH. Le café, c'est mauvais pour la santé, et les capsules sont difficilement recyclables ! La direction des ressources humaines a manifestement jugé bon d'éveiller le souci de soi chez ses employés, de même que leur conscience écologique.

Une délicieuse petite anecdote circule dans l'open space, sans doute pour attester la bienveillance de ces initiatives : la mère du jeune CEO en personne l'appelle tous les jours pour s'assurer qu'il boit suffisamment d'eau, à raison de deux litres par jour, et qu'il n'oublie pas de manger des fruits. Comme nous sommes jeunes et irresponsables, on nous place sous l'égide de cette mère que nous ne connaissons pas et qui est en fait une allégorie de la startup elle-même. Car en réalité, c'est bien la startup qui prend soin de nous et de notre santé. On veut que les employés soignent leur belle apparence, qu'ils soient heureux et *healthy,* car c'est précisément cette image qu'on veut donner.

À la manière de la psychanalyse qui prétend que l'analysant doit *déposer* entièrement son corps sur le divan pour que l'analyste puisse prendre soin de sa psyché, cette philosophie du soin affirme sur toute la ligne que l'employé peut « tout donner », être tout à son esprit une fois installé devant son écran puisque la startup s'occupe de son pauvre corps, délaissé par manque de temps, pour qu'il reste beau, fort et performant. C'est ça, la structure d'embrigadement façon Silicon Valley : elle inclut aussi le traiteur, la diététicienne et le coach sportif pour une vision moniste du travail. *You work, we care.*

Chez Vesta, pas de salle de sport, mais un plaisir physique tout aussi essentiel : tous les midis, nous avons droit à un traiteur qui se déplace jusque chez nous. Il investit notre salle de réunion du rez-de-chaussée avec ses grandes marmites, dont les effluves gagnent vite les étages. Nous avons quotidiennement le choix entre trois plats du jour, dont un vegan, puis entre quatre salles pour nous installer avec nos collègues préférés et savourer notre déjeuner. Chacune de ces pièces sert aussi pour les réunions et porte le nom d'une grande métropole branchée : nous pouvons ainsi voyager, le temps d'un bon repas équilibré, de Portland à Singapour, ou de San Francisco à Dubai – le tout sans même avoir à sortir de l'immeuble. C'est vrai, d'ailleurs : pourquoi vouloir sortir alors qu'on a tout gratuitement sur place? Derrière l'apparente générosité, c'est bien la mainmise sur notre tube digestif dont il s'agit : la startup remplissant la fonction primordiale de la mère nourricière, nous pouvons donc lui accorder toute notre confiance. Depuis Freud, on sait en effet que le sein de la mère qui allaite est le tout premier objet d'amour. Et depuis bien plus longtemps encore, on sait aussi qu'on ne mord pas la main qui nous nourrit.

Pas de bras, pas de chocolat

Pour compenser tous ces repas trop sains, et parce qu'on sait bien qu'on a droit au plaisir, on trouve des friandises un peu partout, réparties dans de jolis saladiers à la cuisine, ou parfois même des distributeurs de bonbons à l'ancienne, trônant dans le hall d'accueil. On finit par plonger machinalement la main dedans chaque fois qu'on passe devant. Si l'on est de nature plus raisonnable, on se dit : « Allez, je bosse encore une demi-heure et je vais me chercher un Kit Kat. Je l'ai bien mérité après tout. » Des bonbons Haribo régressifs, du chocolat équitable, des barres de céréales écologiques... Certains jours, on voit des cargaisons de sodas, limonades, jus de fruits ou yaourts crémeux atterrir dans le frigo. Tels des enfants attendant impatiemment le marchand de glaces derrière la fenêtre du salon, nous connaissons par cœur le jour de livraison. Parfois, ces réjouissances sont mentionnées dans l'offre d'emploi, dans le paragraphe listant tout ce dont l'employé peut bénéficier, en plus de sa paie et de la chance qu'il a de pouvoir travailler là : « Des bonbons gratuits tous les jours ! », « Des cupcakes une fois par semaine ! », « Un gâteau pour ton anniversaire ! » Certains employés d'une startup américaine, HubSpot, estiment même que *parce qu'*ils bénéficient d'un distributeur géant de bonbons en libre-service, le génial « candy wall », ils peuvent accepter une paie inférieure[37].

Dans le Welcome Kit fourni par The Base, j'apprends que les friandises peuvent également se mettre au service

37. Cas rapporté par le journaliste Dan Lyons lorsqu'il travaillait chez HubSpot, à Boston. Il le raconte dans un livre *Disrupted, My Misadventure in the Start-Up Bubble* (Hachette Books, 2016).

des punitions. En cas de retards répétés le matin, au-delà de quinze minutes, une peine graduelle s'applique : il faut apporter un paquet de bonbons la première fois, des croissants si l'on récidive, puis des viennoiseries pour tout l'open space si cela devient une habitude. Un pain au choc déguisé en martinet ? On a du mal à y croire... Rassurons-nous : c'est sympa et innocent, ça met tout le monde de bonne humeur parce que tout le monde est gourmand dans une startup.

La friandise, c'est la carotte version 2.0. Une nouvelle forme d'appât pour créer une motivation saine, apporter joie et bonne humeur tout au long d'une journée de travail. Une petite récompense en nature qui ne coûte pas grand-chose, mais qui peut engendrer des bénéfices considérables. L'effet psychologique est garanti : on se dit que ça crée une bonne ambiance, qu'on prend soin de nous et que c'est bon enfant. Même si c'est mauvais pour les dents, pas grave, on a plein de complices, tout le monde en mange sans même avoir besoin de se cacher. Nous ne sommes plus dans un monde d'adultes corporate ! Fini l'époque où l'on recevait des tickets resto pour déjeuner à l'extérieur comme de vrais adultes ou, pire, lorsqu'on devait tous se rendre à la même cantine d'entreprise, synonyme d'ennui indigeste. Dorénavant, les petits plaisirs qui viennent ponctuer la journée sont à portée de main, et ils sont gratuits. Merci qui ?

Le club des alcooliques pas anonymes

Les sucreries ne sont pas les seuls plaisirs gustatifs encouragés. Le phénomène des afterworks est bien ancré lui aussi. Parfois, ils commencent avant même la fin de la journée de travail. Une startup américaine basée à Berlin, spécialisée dans le commerce en ligne d'objets de décoration et de petits gadgets, impose à ses managers d'adhérer à un club privé. Il faut s'y montrer une fois par semaine, un cocktail à la main, avec de bonnes idées business à développer. Chez Vesta, les afterworks organisés dans des bars sont mensuels et optionnels, du moins sur le papier. Néanmoins, à l'approche de la date fatidique, il faut répondre à une invitation Google et préciser si l'on a l'intention de s'y rendre ou pas. Il ne s'agit en aucun cas de compter les participants pour faire face à des contraintes d'organisation ; les lieux sont systématiquement des bars de taille amplement suffisante pour tous nous accueillir sans problème. Il s'agit plutôt de savoir qui vient, ou plutôt qui ne vient pas. Les déserteurs et potentiels absents qui répondent « je ne sais pas encore » ne se sentent pas forcément à l'aise quand on leur fait comprendre à quel point ce qu'ils vont manquer ou ont manqué est génial et important pour la « culture d'entreprise ». Les lieux sont toujours choisis en fonction de leur caractère chic, branché ou confidentiel. Un bar dans une ancienne locomotive, un autre dans le quartier le plus hipster de la ville, un rooftop avec vue panoramique, un cocktail-bar réputé pour l'originalité de ses nectars... Aperol Spritz, cocktails à base de prosecco ou breuvages branchés importés directement de Brooklyn, nous sommes chaque fois incités à consommer. Parfois, la soirée finit en karaoké à l'initiative de quelques-uns, un manager s'improvise alors DJ, forçant le respect et l'admiration de ses collègues... Le lendemain, cela fait toujours des histoires croustillantes à raconter, et seuls ceux qui en étaient peuvent partager ces précieux souvenirs. Comme je ne participe pas aux autres événements de team bonding et que je ne suis pas sur Facebook, je me rends toujours à ces drinks mensuels, un peu par culpabilité et aussi parce qu'ils me permettent, je l'avoue, de découvrir de nouveaux bars dans ma ville. Je pars rarement tard. Le lendemain matin, j'ai toujours droit aux récits de ceux qui ont joué les prolongations : on me raconte qu'untel a « bitché » sur un autre, qu'unetelle a fini complètement saoule, que machin et machine ont flirté en cachette, mais que tout le monde les a vus... La meilleure anecdote étant sans doute celle qui concerne l'associé du CEO, un jeune fils à papa de vingt-huit ans, poli, sourire d'ange et chemise bleu clair, qui, ivre mort, a fini par imposer sa playlist remplie de *charts* à un niveau sonore proche de celui du décollage d'une fusée, puis a lourdement forcé tout le monde à danser, surtout les filles qu'il trouvait les plus mignonnes. Le lendemain, il est arrivé au bureau deux heures après tout le monde, avec un petit sourire triomphant. Cela me rappelle les récits des premières booms au collège, des premières cuites et autres incidents qui les accompagnent forcément.

Ces apéros créent chez l'employé le sentiment d'être privilégié. L'alcool y est gratuit et à volonté, ils permettent de souder l'équipe dans des conditions festives. Bien organisés, planifiés à l'avance, ils sont parfois marketés, cela dépend de l'implication et de l'audace de la personne qui les organise. On leur donne un nom – « Friday Drinks », « The Party 2.0 », « Vesta Drinks »... –, on imprime quelques flyers pour la forme et on poste des selfies sur le blog et ses réseaux sociaux personnels (avant une heure trop tardive de préférence). Ils deviennent un outil de propagande.

En dehors de ces événements festifs et tout de même délimités, l'utilisation de l'alcool comme récompense peut avoir un autre effet pervers, plus insidieux, à peine perceptible : lorsqu'il est possible, après une heure décente, de se servir une bière et de continuer à pianoter tranquillement sur son laptop tout en chillant avec ses collègues – qui sont de toute façon des « amis » –, on reste facilement une heure ou deux de plus le soir, presque sans s'en rendre compte. On boit, donc on oublie qu'on travaille. C'est agréable, ça ne coûte rien, on s'entend bien avec ses coworkers, alors on peut bien faire quelques heures supplémentaires au passage... On diffère le retour à la maison avec le classique « une dernière pour la route ». Pareillement, lorsque la tâche de l'après-midi est particulièrement stressante et que des bières sont déjà disponibles dans le frigo, pourquoi ne pas s'en servir une pour se calmer un peu ? C'est gagnant-gagnant : ça apporte du plaisir, et c'est pour la bonne cause puisque ça sert les intérêts du travailler ensemble.

Chaque fois que je devais refuser une invitation à un pot ou un apéro, je me sentais mal. Il me fallait affronter le regard déçu de mes collègues, leurs sourcils qui remontaient, l'air de dire « Tu nous abandonnes ? Tu ne nous aimes plus ? » avec toute la tristesse du monde. J'aurais peut-être dû me forcer un peu, faire des selfies avec mes collègues filles, la bouche en cœur devant nos verres de mojito. Saisir plus souvent l'occasion de m'enivrer pour me rapprocher du CEO et de ses associés, puis « partager » ensuite fièrement les photos que j'aurais prises en leur compagnie. J'aurais peut-être dû les laisser entrer complètement dans ma vie.

La communauté d'abord

On t'aime, on te dit

« Nous sommes une grande famille. » C'est ce que déclare le CEO de Vesta en introduction à son discours, lors de la soirée qui précède les vacances de Noël. Il s'apprête lui-même à partir en voyage, une semaine sous le soleil de Bali, et entend bien profiter de la période des fêtes pour faire le point et nous dire combien l'amour du prochain est une chose importante dans la vie. Il dresse donc un bilan de l'année, extrêmement positif, tant économiquement que sur le plan humain, et nous explique à quel point il est fier de ce que nous accomplissons ensemble, de cette startup qui fonce vers le futur à la vitesse de la lumière, de cette équipe jeune et dynamique que nous formons, de cette belle famille qu'il a bâtie à partir de rien, en moins d'un an. Il nous impose son sentiment d'appartenance à grand coup de violons. Nous sommes tous réunis autour de lui, un verre de mousseux à la main, sous une sorte de chapiteau chauffé – la dépendance hivernale d'un bar. Les serveurs, discrets, s'occupent de remplir les verres en silence. Le CEO, qui s'exprime avec un langage du corps très maîtrisé, sous la grande bâche de toile blanche dressée vers le ciel tel un tipi, et la cinquantaine d'employés amassés autour de lui, ressemble à un grand manitou. À la fin de son discours rassembleur, tout le monde applaudit, ou presque – suffisamment de monde en tout cas pour couvrir les grincements de dents de certains qui ne croient plus en l'avenir lumineux qu'il annonce.

Quelques semaines plus tôt, un manager a entrepris de fonder un comité d'entreprise avec d'autres salariés pour représenter l'ensemble du personnel, réparti sur cinq bureaux. Légalement, la taille de l'entreprise le permet. En pratique, il y a matière à vouloir une interface entre les salariés et l'employeur. Le CEO est déjà réputé pour ses agissements peu orthodoxes. Sa startup précédente a tragiquement coulé après avoir levé 330 millions de dollars et avoir été évaluée à 900 millions de dollars (presque une licorne !). Après s'être vainement débattu et avoir enjolivé de nombreux chiffres, il a fermé tous les bureaux européens et viré les deux tiers de ses employés. L'un des plus grands naufrages de l'histoire des startups. Le terrain est donc glissant.

Mais monter un comité d'entreprise, cela ne se fait pas. Non. Pas pour ce CEO américain, fraîchement installé à Berlin pour faire peau neuve et parce que la main-d'œuvre qualifiée, internationale, y est sensiblement moins chère qu'à New York ou San Francisco. Croyant à un affront, il a donc décidé d'offrir trois mois de salaire à ceux qui choisissaient de démissionner sur-le-champ plutôt que de rester. Payer, c'est sa façon de gérer ce qu'il croit être une déclaration de guerre. Tous ont empoché l'argent et sont partis, sauf le manager en question et deux vaillants collègues. Depuis, l'ambiance est tendue et le sujet, complètement tabou. Lorsque j'ai voulu en parler avec le valeureux manager à l'origine du projet, nous avons dû sortir pour une pause cigarette et avons surveillé les allées et venues devant l'entrée de l'immeuble, stoppant la conversation dès que quelqu'un passait. Par chance, il n'a pas à croiser souvent le CEO : ce dernier est rarement là, trop occupé à voyager entre les différents bureaux de son business disséminés entre l'Inde (pour les techniciens), l'Europe de l'Est (pour la production) et les États-Unis (pour les investisseurs et sans doute une foule d'autres bonnes raisons). Ils ne s'adressent plus la parole. Depuis que le conflit a officiellement éclaté, le manager poursuit sa quête de création d'un comité d'entreprise ; il bénéficie pour cela d'aides de la ville et continue à effectuer quelques tâches comme la consultation des contrats de travail, mais il se sait sur la sellette. Une histoire de famille somme toute bien banale...

La famille, au sens où l'entend le CEO de Vesta, désigne une communauté qui doit être plus soudée et plus proche encore que des collègues dans une entreprise. En utilisant le mot « famille », il entend marquer de nouveau la rupture avec l'ancien monde, celui du corporate, leurrant tous ceux qui croient encore être au travail. Dans une famille, idéale du moins, on s'entraide, on se connaît bien, on porte le même nom et on défend des valeurs communes. Dans cette vision idyllique et transposée au monde du travail, il faut que tout le monde soit d'accord et fasse preuve d'empathie. Pour cela, on prend soin d'instaurer une philosophie à laquelle tout le monde doit naturellement adhérer, comme si elle découlait de véritables liens du sang. On a le droit de ne pas être d'accord, bien sûr... Mais dans ce cas, mieux vaut quitter discrètement la famille sans faire d'esclandre ni contaminer ses frères et sœurs avec son esprit rebelle. Car la création de liens ne s'arrête pas au « team building ». Comme toute relation d'amour, c'est du travail, ça s'entretient tous les jours : on parle donc plus volontiers de « team bonding ».

Le bonheur est dans l'open space

À mon arrivée chez The Base, on ne m'explique rien. On ne me présente à personne, on ne me fait pas visiter les bureaux, répartis sur deux étages. Pourtant, l'équipe avec laquelle je vais travailler est regroupée dans un open space de taille raisonnable. Il est donc assez simple de serrer des mains et d'échanger quelques banalités pour faire connaissance. Le Welcome Kit reçu quelques jours plus tôt m'a pourtant appris qu'on était là pour travailler ensemble, créer des liens. *No man is an island !* Malgré cette grande pièce ouverte, censée être conviviale et participer à la circulation des idées, nous sommes isolés, chacun le nez sur l'écran de son propre ordinateur, puisque l'entreprise n'en fournit bien évidemment pas. En guise de premier contact humain, je reçois un nouveau document PDF, comprenant cette fois-ci les consignes de travail, des informations d'accès à mon mail pro au planning des réunions en passant par le mode d'emploi du logiciel de recherches développé par l'entreprise, que je dois étudier le plus vite possible pour commencer le jour même. Tout est bien optimisé et organisé : plus besoin d'un supérieur hiérarchique ni d'un collègue dévoué pour m'expliquer tout cela de vive voix.

Dans la pratique, l'open space présente un avantage de taille : dès que quelque chose s'y passe, tout le monde est au courant. Même si nous ne communiquons pas, peu de secrets ne sont pas éventés. Lorsque quelque chose se passe mal, en l'occurrence quand quelqu'un se fait passablement engueuler par un manager, nous sommes tous aux premières loges. Ça permet de montrer l'exemple. C'est ce qu'il s'est passé un jour avec l'une de nos collègues qui, en plus d'avoir réalisé un mauvais score dans ses recherches de la veille, a eu l'audace de rire à une plaisanterie de son voisin, envoyée sans doute via Skype puisque personne n'avait parlé. Elle s'est tournée vers lui et a brièvement pouffé, de façon tout à fait charmante, et nous l'avons tous regardée avec un sourire amusé. La quality manager, du fond de l'open space, elle, est sortie de ses gonds. Elle lui a lancé sèchement que nous n'étions pas dans une cour de récréation et qu'il était interdit de faire du bruit. Elle a pointé son mauvais score de la veille comme une maîtresse d'école rappelle un zéro pointé au bon souvenir d'un cancre, sans manquer de préciser d'un ton menaçant que c'était valable pour tout le monde. La principale intéressée, morte de honte, faisait mine de regarder son écran en fronçant les sourcils. Quant à nous, nous nous jetions des regards circonspects sans trop croire au spectacle navrant qui venait de se jouer devant nos yeux. Notre bel open space, lumineux, classe et séduisant, dans lequel nous avions tous tant de plaisir à venir le matin, au début, était devenu une prison dorée. La rigolarde s'est fait virer une semaine plus tard. On nous a dit qu'elle était « partie vers de nouvelles aventures ».

Les open spaces sont aussi la vraie vitrine d'une startup. Le site, le logo, l'identité visuelle et, plus généralement, la présence sur le Web et la réputation sont des outils de communication destinés à l'extérieur. Mais pour les employés, les visiteurs, voire les clients et investisseurs potentiels, il est primordial d'avoir un bureau à la hauteur. Bien situé dans le centre-ville, spacieux, agréable, bien équipé et, surtout, bien décoré. Parce que c'est également quelque chose qui va se savoir rapidement... Tous les bureaux de startups où j'ai travaillé étaient superbes, c'est vrai. J'ai pu admirer des couchers de soleil au format panoramique à travers de larges baies vitrées, j'ai travaillé dans les quartiers les plus branchés de Berlin, me suis assise sur des canapés et des chaises tout droit sortis d'ateliers de designers, ai déjeuné sur des tables en bois massif qui sentait encore la forêt finlandaise...

Office Fetish, un blog californien qui porte bien son nom, recense les plus beaux open spaces de startups et en diffuse des photos soigneusement sélectionnées, à la manière d'un prestigieux magazine de décoration. Sur les profils Twitter et Instagram d'Office Fetish, l'esprit déco est résumé en un coup d'œil : des canapés scandinaves avec des coussins aux tissus graphiques pour s'affaler quand on en a le droit ; au mur, des sérigraphies ou des posters typographiques à messages ; de beaux écrans Mac, des lunettes à monture épaisse posées à côté d'un mug, des casques et écouteurs des meilleures marques ; des murs en brique, des poutres apparentes repeintes en blanc, des plafonds très hauts, un élégant parquet ou béton ciré au sol ; de longues tables en bois, des chaises d'inspiration Eames ou des fauteuils de bureau ergonomiques, des ampoules à gros filaments ou des lampes industrielles qui tombent du plafond ; des vélos à pignon fixe appuyés contre le mur de l'entrée et, bien sûr, une table de ping-pong ou une salle dédiée aux jeux vidéo. Tous les signes distinctifs de la startup idéale y sont réunis, en quelques images. Montre-moi combien ton bureau ressemble à celui de ton voisin, je te dirai à quel point tu es original.

« No stupid meetings »

Chez Vesta, la réunion hebdomadaire rassemblant toutes les équipes a lieu le mardi. Le manager de chaque team doit y être présent. Or nous sommes tous plus ou moins managers ! Un tri par ordre d'importance s'effectue donc de façon plus ou moins implicite, et c'est souvent d'un simple coup d'œil que je me mets d'accord avec le manager au-dessus de moi pour savoir qui de nous deux doit s'y rendre. Car c'est bien une corvée dont il s'agit. Lors du tour de table, j'expliquais mon travail en cours et, souvent, mentionnais mon initiative la plus récente ou la proposition que j'avais faite pour développer un nouveau projet, comme un blog en trois langues, une liste de contacts presse en France, la rédaction d'une minisérie sur l'histoire d'un produit qu'on vendait... À chaque fois, tout le monde hochait la tête, me lançait un *« great ! »* ou un *« awesome ! »*, puis tous oubliaient ce que j'avais dit une fois sortis de la salle de réunion. Il m'est arrivé de me retrouver dans une réunion et, au bout de quinze minutes, de ne toujours pas comprendre de quoi on était censé parler. J'ai l'impression que les réunions sont pour certains une sorte de remplissage galvanisant grâce auquel ils se donnent de l'importance, tandis que pour d'autres, elles équivalent à une heure de sieste, pour le cerveau du moins, une pause dans leur travail pendant laquelle ils peuvent enfin décrocher les yeux de leur écran. Certains, plus audacieux, apportent carrément leur laptop et continuent leur travail pendant que les autres discutent. Ainsi, on ne peut pas leur reprocher de ne pas être là. Au contraire, être multitâche, fractionné, n'est-ce pas la description de l'employé idéal ?

Tout cela n'est qu'un petit échauffement au regard de ce qui nous attend une fois par mois : une réunion bien plus importante, qui nous concerne tous et ressemble à un véritable talk-show. Elle a toujours lieu en fin de journée pour que les collègues d'Inde et de New York puissent y participer en visioconférence sans trop empiéter sur leurs heures de sommeil. Un quart d'heure avant le début, le CEO nous met déjà dans l'ambiance : il baisse les lumières de l'open space, balance sa playlist *mainstream* sur Spotify, puis nous demande d'aller nous chercher quelque chose à boire à la cuisine et de venir nous installer autour de lui avec notre chaise. Après un ultime tube de Lady Gaga lancé à quatre-vingt-dix décibels, il ouvre la réunion avec un *speech* récité sans fautes. Son langage corporel est parfait : il se tient droit, le torse bombé, fait exactement les gestes qu'il faut avec ses mains, sourit un peu, mais pas trop. Bref, il affiche une confiance absolue en lui-même et en ce qu'il professe. Un grand moment de gloire, seul, face à tous ses employés, sa « famille » réunie autour d'un seul bébé : la startup Vesta. Il commence par dire combien il est heureux de nous avoir tous ici, à quel point il est fier de nous, puis lance un PowerPoint avec quelques chiffres sur les performances du mois : les ventes du dernier produit lancé, le taux de conversion, le nombre d'abonnés à la newsletter, le nombre d'employés... Le tout toujours à la hausse. Quantité de *« awesome », « great », « cool », « nice », « amazing »* et *« gorgeous »* ponctuent chacune de ses phrases.

Puis, inévitablement, il invite deux ou trois personnes à venir dresser un bilan ou parler d'un projet de travail devant les autres. Lorsque quelqu'un se propose spontanément dans l'assemblée, le CEO lui demande de d'abord se présenter, parce que tous les employés ne le connaissent pas forcément – nous sommes bien trop nombreux à présent. Une fois au centre de l'assemblée, dans l'axe de la caméra pour les équipes qui nous regardent sur Skype, le manager volontaire doit rappeler son prénom, dire la fonction qu'il occupe et, avant qu'il ne commence à présenter son travail, ou plutôt ses chiffres, le CEO l'interrompt d'un geste de la main pour lui demander encore une chose, tout excité : « Attends ! Attends ! Il faut que tu nous en dises plus sur toi. Dis-nous... Ta plus grande qualité et ton pire défaut ! » Ou alors : « Raconte-nous ce que tu aimes le plus chez Vesta ! », « Quel est le morceau que tu joues le plus sur iTunes ? » Il demande également à trois personnes choisies au hasard de lui poser une colle, les priant de trouver des questions bien taquines ou embarrassantes, comme pour un quiz sadique.

Une fois l'épreuve initiatique passée, le manager peut enfin commencer son speech, qui ne doit pas durer plus de dix minutes pour qu'on ait le temps d'en savourer plusieurs pendant le show. Il est de bon ton de commencer avec une plaisanterie ou un peu d'autodérision : « Hello, moi, c'est Justin. Je m'occupe du marketing des nouveaux produits. En gros, je tâche de rendre le monde plus séduisant ! » Puis, avec un sourire charmeur en coin et une voix plus grave : « Enfin, je fais de mon mieux... » Rires et pluie d'applaudissements dans l'assemblée.

Chez The Base, en revanche, les réunions sont rares. Nous y sommes tous conviés, mais nous ne rentrons pas tous dans la salle. Les managers les plus importants sont assis autour d'une table ovale, et tous les autres se tiennent debout derrière, contre les murs. Il faut tenir ainsi une demi-heure, parfois une heure, sans même pouvoir prendre la parole. Il fait très chaud, c'est passablement désagréable.

Pour nous permettre de mieux nous connaître et de nous exprimer « librement », nous avons l'opportunité de participer à une séance de shooting. Une photographe a investi une petite pièce à côté de la cuisine et nous prend en photo un par un. Nous sommes tenus de prendre une pose de *winner,* c'est-à-dire avec le pouce levé, un air coquin ou suffisant, ou encore un clin d'œil un peu exagéré pour faire les marioles. La semaine d'après, tous les clichés ont été punaisés sur le mur de la cage d'escalier, sorte de Wall of Fame à notre échelle. Sous chaque photo, imprimée au format A4, notre prénom, notre fonction et une petite légende amusante sont là pour donner l'impression à nos collègues de nous connaître ; il est bien sûr d'usage de recourir à des références à l'enfance. Par exemple : « Pourrait mourir pour du Nutella », « Champion de SEO et de Mario Kart », « Détient le record des retards le matin », « Code plus vite que son ombre », « Animal préféré : son petit carlin Joe ! »...

Je repense à la petite fiche cartonnée que la maîtresse avait confectionnée pour moi quand j'étais à l'école maternelle. Mon portrait y était collé, j'avais trois ans et demi et un sourire coquin, mon prénom était tracé au feutre en grosses lettres capitales et, en dessous, il était noté que mon animal préféré était l'escargot. J'ai pensé le réutiliser, étant à court d'idées pour mon « slogan » personnel. Mais parce qu'il est lent et préhistorique, le gastéropode à coquille n'est pas franchement l'animal-totem idéal pour parler de soi dans une startup... J'ai donc fait un test sur Internet pour connaître mon animal-totem d'adulte. La réponse, après cinq minutes d'intense travail d'introspection : la tortue !

Conclusion : la licorne et la tortue

Durant ces quatre années passées dans des startups, j'ai été prisonnière d'une boucle infernale, ballottée d'une absurdité à une autre, retrouvant ici et là le même folklore. Mes expériences présentent de nombreux points communs, et pas des plus glorieux : on condamne les employés au burn-out ou au bore-out, on privilégie la quantité et le sprint au détriment de la qualité et de la réflexion, tout en diffusant une idéologie néfaste, camouflée derrière de grands sourires et du beau design. Le travail intellectuel et les qualités humaines sont systématiquement transformés en « capital » et réduits à de simples données chiffrées, jusque dans leurs moindres détails. Les singularités des uns et des autres sont gommées au profit d'une calculabilité obsédante. Paradoxalement, on pousse le rationnel jusqu'à l'irrationnel, l'originalité jusqu'au conformisme, la soif de nouveau jusqu'à la régression. L'hypocrisie et l'infantilisation permanentes donnent lieu à des situations de flicage malsaines et humiliantes, puis à une sclérose abrutissante dans des univers brumeux d'éternels adolescents, bardés de smileys dont on nous dit qu'ils sont du ressort de la « famille ». La lointaine Silicon Valley, portée au pinacle, est toujours citée en exemple, comme une divinité que personne n'a jamais vue. Le rêve promis n'est rien d'autre qu'un cauchemar.

Ce nouveau modèle économique et le mode de vie qui en résulte poursuivent leur propagation et subjuguent sans cesse de nouveaux adeptes. Les sceptiques existent, mais sont somme toute assez rares et se font peu entendre. À l'heure où cent quarante-six startups sont valorisées à plus d'un milliard de dollars, dont douze super-licornes dépassant les 10 milliards, certains experts craignent l'explosion prochaine de ce qu'ils pensent être une bulle des startups, tandis que d'autres, déjà euphoriques, pensent que le Dow Jones sera composé à moitié de géants de l'Internet d'ici à vingt ans.

Après tout, il est bien réconfortant de penser qu'une révolution est en marche dans notre époque houleuse et que des jeunes gens courageux et sympa bousculent l'ordre établi pour nous sauver de tout ce qui ne fonctionne pas dans notre société ! La novlangue des startups veille avec soin à ce que le message se diffuse largement, avec la complicité d'autres acteurs – parmi eux l'État et de nombreux médias.

Mais la messe n'est pas dite. Un jour, on se réveille, encore un peu ivre, on se frotte les yeux pour se débarrasser des dernières paillettes, et le vertige existentiel nous saisit : « Les burgers vegan gratuits, les parties de ping-pong et les alexandrins que je ponds pour les robots de Google sont-ils vraiment en train de changer le monde ? »

Pas besoin de se sentir l'âme d'un aventurier ni d'un héros pour douter. Même si des fossiles d'animaux préhistoriques pourvus d'une protubérance osseuse suspecte ont été retrouvés, personne n'a encore apporté la preuve tangible de l'existence des licornes. Pour l'instant, l'animal est bel et bien mythologique. Les solutions que la startupsphère nous promet – à la crise, au chômage, à l'ennui, à la répétition du même et à la désuétude, à la vieillesse et à la laideur, etc. – se basent elles aussi sur un leurre : on ne peut prétendre déjà vivre dans le nouveau monde avant de l'avoir véritablement bâti.

Les startups sont donc des entreprises « révolutionnaires » financées par des « business angels », dirigées par des « rock stars » et alimentées par des « treasure hunters ». Hou hou ! On redescend sur terre deux minutes ? L'atterrissage est douloureux, je sais. Mais après la déconvenue et le dur retour au principe de réalité vient le besoin de réenchantement, et celui-ci commence avec une question simple : de quoi ce rêve est-il le nom ?

Aujourd'hui, nous devons faire face à toutes sortes de menaces d'effondrement. Pour y remédier, pour soulager cette angoisse, tout devient urgent. On exige que tout soit instantané, fulgurant et, surtout, strictement croissant. C'est dans ce contexte que la startupsphère entend faire croire qu'il n'existe qu'un seul modèle de réussite valable à travers le monde. La Silicon Valley, en gardant une longueur d'avance tout en cultivant l'art de rester opaque sur ce qu'elle manigance, semble constituer un horizon indépassable. En tout cas, elle crée du désir et l'entretient sur toute la planète. Le fantasme, devenu collectif, s'est propagé à une vitesse folle parce qu'il fait du bien.

Or la psychanalyse nous a appris que le fantasme est un montage psychique et pulsionnel qui se construit chez l'individu notamment au moyen du langage. Pour Lacan, il est même grammatical et s'articule au moyen d'une véritable syntaxe. En tout cas, c'est dans la vie imaginaire du sujet parlant qu'il se construit. Une entité manipulatrice extérieure seule ne suffit pas à le mettre en place. Si j'ai vu tant de jeunes gens travailler dans des startups et continuer à s'enthousiasmer alors que leur expérience était loin d'être fructueuse, c'est aussi parce que ce fantasme agit comme un moyen de défense. Il ne s'agit pas tant de servitude volontaire dont l'individu serait complice que du perpétuel assujettissement au désir auquel nous sommes tous soumis – surtout à une époque où l'on en a grandement besoin.

Sans ignorer cette logique implacable du désir et donc du fantasme, il est nécessaire de lever le voile sur tous les dysfonctionnements de ces nouvelles entités, qui n'effacent pas les inégalités pas plus qu'elles ne produisent de prospérité ou de bonheur. Il serait temps d'amorcer une révolution moins prétentieuse, plus consciente. En clair, cesser de représenter le futur sous les traits d'un animal fantasmagorique qui n'a jamais existé... et n'existera jamais.

Remerciements

Je remercie mes éditrices, Amélie Petit et Sophie Caillat, pour avoir cru en ce livre et permis son existence, ainsi que Marie-Édith Bernard pour ses relectures attentives.

Merci à Phil pour son indéfectible soutien et toutes nos discussions.

Merci à mon père qui a su comprendre à temps mes choix professionnels,malgré l'écart générationnel.

Et à mon amie Florence pour son esprit joyeux et bienveillant.

Glossaire

Bore-out: le nouveau pendant du burn-out, son double maléfique. Le bore-out provoque à peu près les mêmes symptômes (fatigue, dépression), mais est la conséquence d'un ennui extrême.

Bullshit job : « job à la con », qui ne donne aucun sens à la vie de l'employé et dont le rôle au sein de la société reste discutable.

Business Angel (investisseur providentiel): personne physique – et réelle, malgré son aura céleste – qui investit à titre individuel au capital d'une startup à un stade précoce de sa création. Comme l'ange d'affaires est généreux, il donne également de son temps pour partager son expérience et son réseau professionnel avec de jeunes startuppers inexpérimentés.

CEO (Chief Executive Officer): celui qu'on nommait naguère DG.

Content Manager: le manager de contenu gère tous les contenus (textes, images, vidéos) du site dans une langue donnée. Il doit donc savoir manier les mots et manipuler le désir du consommateur.

Country Manager : il a les mêmes fonctions que le content manager, mais étendues à tous les domaines se rapportant à un pays en tant que part de marché. Le country manager est donc un spécialiste régional.

Customer Experience : anciennement, le service clients.

Customer Success Professional : agent du service clients. Il répond aux appels des clients mécontents, encaisse insultes et humiliations à longueur de journée. Son but : qu'il n'y ait plus aucun appel et donc que son job n'existe plus.

Data (donnée) : au commencement était la data. Il s'agit de l'ADN d'une startup, ce qui en constitue la richesse. Pour faire carrière dans la startupsphère, il faut être « data driven » (piloté par les données).

Développeur : l'architecte de la startup. Il conçoit, en langage informatique, sites et applications. Sans lui, pas grand-chose ne tiendrait debout.

Disruption : innovation super-puissante qui brise les codes de tout un marché. Véritable tremblement de terre, la disruption remet tout à plat et ne se soucie généralement guère des conséquences du chaos qu'elle induit.

Entrepreneur : personne courageuse au talent rare, qui a une idée de génie avant tout le monde, met tout en œuvre pour la réaliser et y parvient – ou pas.

Friday Drinks : grand-messe du vendredi soir, célébrée à grand renfort de bières IPA importées de Californie et de préférence dans l'open space.

Gamification : procédé qui consiste à tout ramener à l'univers du jeu, à rendre ludiques des choses qui ne l'étaient pas à la base.

Growth (croissance) : elle doit être rapide et ininterrompue.

Growth Hacking : l'ensemble des magouilles du marketing pour accéder rapidement à la croissance. Le growth hacker invente des astuces pour acquérir de nouveaux clients et les fidéliser.

Hiérarchie plate : dans les startups, il n'y a plus de chef juché en haut de la pyramide, tout le monde peut décider. Ou presque.

I.T. : Information Technology. Le domaine des vrais geeks. L'ensemble des technologies impliquant le développement, la maintenance et l'utilisation des systèmes informatiques, des logiciels et des réseaux pour le traitement des données.

Innovation : introduction sur le marché d'un produit ou d'un procédé nouveau. Une startup est forcément innovante (pour ceux qui la lancent, en tout cas).

Launch (lancement) : phase cruciale de la vie d'une startup. C'est le moment où celle-ci se lance sur le marché. Elle sort de la phase secrète de prélancement et devient officiellement active. Le site est mis en ligne et tout le monde en parle sur les réseaux sociaux. Le signe de réussite qui ne trompe pas : quand le launch est accompagné d'un gros buzz.

Office Manager : non, ce n'est pas le manager de la suite bureautique Microsoft Office, spécialiste des fonctions cachées de Word, mais bien le chef du bureau, c'est-à-dire le/la secrétaire qui se trouve à l'accueil de l'entreprise et gère tout un tas de choses dont personne ne veut s'occuper, comme le standard téléphonique et les commandes de fournitures.

Offline : quand vous êtes dans l'avion pour San Francisco et qu'il n'y a pas, mais alors vraiment pas, de wifi.

Open Space : c'est comme un bureau, mais sans les cloisons, et donc avec beaucoup de bruit et aucune intimité. L'open space de startup est généralement très beau, avec du mobilier design, mais pas trop, et des hauts plafonds. Le must-have : s'installer dans une ancienne usine, au dernier étage, avec vue sur les toits.

People Manager : celui qui gère le personnel et qu'on nommait directeur des ressources humaines au XXe siècle.

SEO Manager : c'est le manager de la grammaire du Net, as de la syntaxe Google et de la phrase courte. Il veille à bien gérer le SEO (Search Engine Optimization), c'est-à-dire le bon référencement pour les moteurs de recherche, afin que tout le champ lexical se rapportant aux activités de la startup soit répertorié et que cette dernière apparaisse toujours en première page des résultats.

Serial Entrepreneur : version obsessionnelle et compulsive de l'entrepreneur.

Silicon Valley : La Mecque de tous les startuppers, située dans la baie de San Francisco. Certains y sont allés. C'est le laboratoire d'idées originel pour tous ceux qui veulent changer le monde.

Smiley : esprit bienveillant de l'open space. Un peu comme les Schtroumpfs, on en trouve un peu partout pour peu qu'on y prête attention : en soulevant une chaise, une tasse de café... Leur lieu de prédilection reste la fin des phrases et ils vouent une affection particulière pour les points d'exclamation groupés par paquet de trois ou plus.

Startup (jeune pousse) : entreprise innovante à fort potentiel de croissance qui a souvent recours à des levées de fonds. Opère surtout dans le domaine du numérique et embauche surtout des jeunes gens motivés et ambitieux. 90 % des startups lancées sur le marché échouent.

Stealth mode (prélancement) : c'est la phase « Motus », celle de développement, pendant laquelle il ne faut surtout pas révéler le business model de la startup, ni même en parler. Une idée révolutionnaire, ça se garde bien au chaud.

Team bonding : prolongation durable du team building, qui se traduit par la persistance de liens fraternels entre collègues.

Traffic Manager : responsable des différentes tâches au sein de la startup. Un peu comme le flic posté à un carrefour, il veille au bon avancement des projets et fixe les priorités.

TABLE DES MATIÈRES

Premier Parallèle

Faïza Zerouala, *Des voix derrière le voile.*

Götz Hamann, Khuê Pham, Heinrich Wefing, *The United States of Google.*

Camille Polloni, *La Lente Évasion. Alain, de la prison à la liberté* (en coédition avec Rue89).

Sophie Bouillon, *Elles. Les prostituées et nous.*

Troels Donnerborg et Jesper Gaarskjær, *L'homme qui se souvient de tout. Un voyage dans les coulisses de la mémoire.*

Gérard Haddad, *Dans la main droite de Dieu. Psychanalyse du fanatisme.*

Cristina Nehring, *L'Amour à l'américaine. Une nouvelle police des sentiments.*

Bénédicte Manier, *Made in India. Le laboratoire écologique de la planète.*

Collectif, *En compagnie des robots.*

Jérôme Blanchart, *Crimes du futur.*

Galia Ackerman, *Traverser Tchernobyl.*

Sébastien Martinez, *Une mémoire infaillible. Briller en société sans sortir son smartphone.*

Jan-Werner Müller, *Qu'est-ce que le populisme ? Définir enfin la menace.*

Gérard Haddad, *Le complexe de Caïn. Terrorisme, haine de l'autre et rivalité fraternelle.*

NOS LIVRES SONT DISPONIBLES EN NUMÉRIQUE

DANS LES LIBRAIRIES EN LIGNE ET SUR NOTRE SITE :

WWW.PREMIERPARALLELE.FR

Dépôt légal : janvier 2017
IMPRIMÉ EN FRANCE

Achevé d'imprimer le 16 janvier 2017
sur les presses de l'imprimerie « La Source d'Or »
63039 Clermont-Ferrand
Imprimeur n° 19289

Dans le cadre de sa politique de développement durable,
La Source d'Or a été référencée IMPRIM'VERT®
par son organisme consulaire de tutelle.
Cet ouvrage est imprimé - pour l'intérieur -
sur papier bouffant 80 g (main 1,8)
provenant de la gestion durable des forêts,
produit par des papetiers dont les usines ont obtenu
les certifications environnementales ISO 14001 et E.M.A.S.

Correction : Marie-Édith Bernard
Composition : Alexandre Fine